JN409216

쑥스럽지만
사랑합니다

송순례 수필집

송순례 수필집
쑥스럽지만 사랑합니다

인　　　쇄　2015년 10월 26일
초판1쇄발행　2015년 10월 30일

지 은 이　송순례
펴 낸 이　양상구
웹디자인　김초롱
펴 낸 곳　도서출판
주　　소　100-861 서울시 중구 삼일대로6길 13
(서울빌딩202호)
전　　화　02-704-3301
팩　　스　02-2268-3910
H　. P　010-5466-3911
E.mail　ysg8527@naver.com

정 가 10,000원

쑥스럽지만 사랑합니다

송순례 수필집

도서출판 채운재

서문

글을 좋아하여 늦깎이 공부임에도 불구하고 원광대 평생교육원을 찾은 지도 몇 년이 지났네요.

훌륭한 교수님의 지도와 문우들의 사랑 속에 성장해 나아가 글 밭에 내 맘을 심는다는 자체가 좋았습니다.

감정을 표출할 길 없을 때 글로써 대하니 스스럼없이 글이 되어가는 것을 느끼면서 좋은 분위기에서 같이하는 일이 영광이고 유익한 삶의 길잡이가 되어 시와 수필을 쓸 수 있어 시집에 이어 수필집도 조심스럽게 선을 보이게 되었습니다.

나로서는 솔직한 정감을 담아 보이는 글이니 어제와 내일의 고리를 엮는 작업이 될 것이라 믿으면서 나를 사랑하고 관심 있는 주위 분들과 공유하고 싶습니다. 출판사 사장님과 도움을 주신 편집진 여러분께도 감사의 말씀 드립니다.

2015. 10

송순례

격려사

삶의 정직한 해후

수필은 개인으로부터 시작해서 개인의 내용에 충실함으로써 수필의 냄새가 그 색깔을 갖게 된다. 자기적 삶의 행적이 구체적이고 밀도 있게 진행된 문학적 행위로써 결론 내릴 때 좋은 내용으로 남게 된다.

송순례 시인은 시인으로도 활동하면서 그동안 써 놓은 수필을 모아 이번의 수필집을 꾸미게 되었다. 기쁜 일이 아닐 수 없다.

특히 문학 행위가 인간으로서의 존립에 대하여 보다 진지하고 가능하다면 삶의 구역에 대한 확인 내지는 그것에 대해 교시적이라던가 그런 유형의 메시지가 선행되어야 하는데 송순례 시인의 수필엔 이 점에 대하여 수용하고 있다.

어찌 보면 삶의 정직한 해후가 상황적 배경을 이루고 있다는 점이다.

수필은 고도의 기술이 선행되는 게 아니라 자기적 삶의 수단이 정직하게 수행되고 진행되는 과정에 있을 때 아름다운 삶을 만나게 되는 것이다.

이 점에 이르러서 송순례 시인의 수필은 정도를 수행하고 있다는 점에서 반갑게 맞을 수 있겠다.

이런 점을 잘 보인 수필집 중에서 <꽃동산은 미완성> 이란 작품에 이르러 서 송순례의 삶의 이랑을 만나게 되겠는데 여기에서 작가의 천성의 미학을 만나게 된다.

수필은 어디까지나 겸양에 바탕을 두고 삶을 걸러낼 수 있는 노력의 일단이 이해로써 받아들여질 때 작가가 이행해야 하는 일종의 책무를 다한다 할 수 있다.

수필은 자기 회복 혹은 이난 회복을 위한 존립의 애정이 확립도리 때 아름다운 길이 되겠는데 대체적으로 이 수필집을 읽어가다 보면 이점이 아름답게 전개 되어가고 있다는 사실이다.

송순례 시인께서 시집을 낸 1년 만에 수필집을 내게 되었다. 부지런한 시인 노력하는 수필가로 더 많이 성숙하기만을 빌면서 격려의 말로 대신하고 싶다.

채 규 판

격려사

사랑을 주우러 간다.

송순례 님이 내 강의에 출석한 지도 이러구러 세 해를 넘긴 것 같다. 첫 수업에 참가한 모습이 생각난다. 익산의 이웃 도시에서 출석하는 성의가 남다르다고 느꼈다. 도시 변두리 마을에서 버스를 타고 도심으로 나와 다시 익산으로 달려오는 성의가 가상하다는 생각을 했다. 배움에 대한 열의가 대단하다는 느낌이 내 머릿속에 깊이 새겨졌다.

그렇게 3년 세월이 흘러 내 앞에 이렇게 원고 뭉치를 드민다. 그새 공부한 결과를 묶고 싶다는 뜻을 드러내며….

나는 우선 고희를 넘긴 나이를 고려하지 않는 그 열정이 새삼스럽다. 스스로 썼듯 "뒷방 마님의 격을 깨트리자 나는 애를 썼다. … 그저 노인 대접을 받기보다는 젊은 친구들과 동일한 대열에 서서 문학 강의도 듣고 멋지고 좋은 글쓰기 공부하는 것이 즐겁다."는 송순례 님의 늦공부 길은 실은 출석 날이 곧 "한 발 한 발 사랑을 주우러 가는 날"이라고 한다. "허리는 구부러지고 발은 휘어 볼품없는 꼴이지만 뒤늦게 배움을 떨쳐버릴 생각은 전혀 없다."고도 한다.

이만한 다짐과 각오가 오늘 내 앞에 이 원고 뭉치를 드민 밑힘으로 작용했을 법하다. 결과 못지않게 그 결과에 이르는 촘촘한 걸음이 가상하다. 편 편을 넘겨 읽는 동안 나는 새삼스럽게 송순례 님을 새로 느낀다. 매사를 열심히, 그리고 즐거운 마음으로 대응하는 삶의 기품이 느껍다.

600여 년의 세월을 견뎌낸 <노거수>(老 居 樹)를 보며 어린 시절을 떠올리기도 한다. "놀기에 해지는 줄도 모르고 있으면 '밥 안 먹을래? 늦으면 밥 없다' 는 언니의 외치는 소리에 흙 묻은 손도 털지 못한 채 마구 집으로 달려갔던 기억 속에 젖어 걷다 보니 벌써 집 앞에 도달했다." 고한다.

사람은 나이가 들면 추억에 산다고 한다. 추억이 빈곤한 사람이 치매에 걸린다는 엉뚱한 생각을 해 본 적이 있다. 들춰봐야 즐겁게 회상할 일이 별무소용인 사람에게 지난날의 기억은 모두 잊고 싶은 악몽일 터. 그러니 모두 모두 잊자 하고 또는 잊어버리자고 애를 쓰는 삶은 끝내 기억력을 놓아버릴 거라는 것이 내 생각이다. 되돌아보는 지난날이 아름다운 사람은 치매가 올 리 없다. 송순례 님은 더 나이가 들어도 절대 치매를 앓지 않을 것이라는 내 믿음의 근거다.

가볍지만 깊이 읽히는 이 작은 삶의 조각들을 통해 어찌 한 인생이 발자취를 모두 가름할 수 있겠는가. 그렇지만 조가 조각에 담겨 들어나지 않은 이면을 유추하는 데는 충분한 글 모음이다. <꽃동산은 미완성>에는 길 앞의 빈 땅을 꽃밭으로 가꾸어 오가는 사람들에게 예쁜 하루를 선물하려는. 꽃보다 예쁜 마음씨가 보인다. "머지않아 코스모스가 한들거리며 길가는 향기로 넘칠 것이다. 아름다운 길. 과분한 나의 소망은 에덴동산을 방불케 할 것이다." 고 기대한다. 버려진 땅을 꽃밭으로 일구는 정성은 곧 삶의 자세도 그러했을 법하다. "아직도 미완성인 대문 밖 꽃길을 상상하면 하루 종일 기분이 좋은" 이 노래(老來))의 기쁨은 매사에 안달하지 않는 안분(安分)에서 연유

한다. 참으로 곱게 지는 꽃이기를 소망해 본다. 늙은 나이에는 어렵게 느껴질 법한 스마트폰으로 척척 '카톡'을 즐기는 늙은 젊은이다.

늘그막에 승복을 입은 친구를 찾아 제주도를 찾아가는 정성은 도타운 정을 듬뿍 느끼게 한다. 나이는 숫자에 불과하다는 생각을 실감 나게 한다. <로또의 꿈은> 배시시 웃음을 머금게 한다. <발리에서 회갑>을 맞는 모습은 독자에게 다복한 가족의 평화를 실감하게 한다.

지울 수 없는 아픔이 왜 없겠는가. 먼저 간 남편을 생각하는 <쑥스럽지만 사랑합니다.>는 사부곡(思夫曲)이다. 부부로 만나 유명을 달리하는 것은 피할 길 없는 운명이다. 만나면 헤어지는 것이 정한 이치다. [會者定離] 사랑한다는 말은 그 나이의 세대에게는 쑥스럽기 그지없는 언어다. 이제 와서 먼저 간 남편의 영정 앞에 '사랑'이란 쑥스런 표현을 말로 들어 내보이고 싶다. 그런데 당신은 하늘에 살고 나는 홀로 남아들고 나는 문턱 앞에 두 아들의 구두를 나란히 닦아 놓고 바라보는 지금이다. 남편과 함께 키운 두 자식은 직업 군인이다.

늙은 엄마는 두 아들의 별 볼 날을 생각하며 기대한다. 홀로 사는 내 집을 지켜주는 구두 두 켤레가 국방을 감당한다는 생각을 하면 대견하고 안쓰럽다. 군인의 길이 어디 쉬운가. 오늘도 나는 두 켤레 구두를 닦아 가지런히 놓는다. "이 구두는 나라를 지키기 위해 최선을 다하는 두 아들의 발이다. 현관문이 든든하다." (<두 켤레 구두>)고 하는 늙은 어머니의 마음을 두 아들은 충분히 알고도 남음직 하다. 혹독했지만 충분히 융숭 깊고 따뜻했던 남편의 사랑을 두 아들은 듬뿍 받고 자랐기 때문일 것이다.

어느 글 하나 훈 더운 정이 넘치지 않는 것이 없다. 더듬어 되돌아보는 인생길이 모두 꽃밭뿐 인 사람은 아무도 없다. 충분히 그리고 가볍게 들쳐낸 송순례 님의 삶의 자취를. 특히 늙은 나이에 글감으로 녹여 내는 지점을 나이 든 독자들은 유심히 읽고 공감을 하고 쓰고 싶은 용기를 내어 보라고 권해보고 싶다.

흔히 세상의 엄마들은 자식들에게 한다. "내 한 생을 글로 쓰면 소설책이 몇 권은 될 거라고…" 나는 송순례 님의 편 편을 넘겨 가며 감히 나이 든 독자들에게 권해 본다. 써보라고…

문장이 좀 서툴면 어떤가. 가슴 깊이 담아 둔 곡진한 삶의 경험과 지혜를 펴 올려 자손들에게 또는 이웃에게 들어내 보이라고 권하고 싶다. 가슴속에 담아 놓고 가느니보다 들쳐 내어 스스로 스쳐만 보아도 응어리진 지난 멍울이 스르르 풀릴 것이다. 읽고 쓰는 순간이 맺힌 멍울을 푸는 힐링(healing) 임을 터득할 것이다. 그러므로 나이 드신 분들에게 감히 권해 본다. 어느 직분으로 무슨 일터에 활동했든 상관없다. 써보라고… 문장이 미흡하면 어떤가. 한 생을 살아가면서 축적했던 지혜는 후대의 큰 자산이라는 것이 내 생각이다.

주변에 널브러진 풍광을 허투루 보지 않는 송순례 님의 노안(老顔) 속의 노안(老眼)이 노안(蘆雁)처럼 느껴진다. 남은 날이 더욱 굳세고 활달하기를 빈다.

박 영 학

차례

1부 사랑을 주우러간다

2부 위안이라는 것

차례

3부 삶과 죽음 사이

4부 나들이 간다

차례

5부 가을을 수놓고

1부

사랑을 주우러간다

옆자리

나이 지긋하신 노신사 분은 계속 신문을 보고 그 옆자리엔 더 연배가 높아 보이는 분은 가만히 앉아 있다. 나는 내 좌석이지만 그냥 그렇게 옆에 서있었다. 그렇다고 내 자리이니 비켜달라고 할 수도 없었다. 노령자이기 때문이었다.

수원에서 신탄진까지 아마 1시간 반가량 서있었더니 아픈 허리가 더 아파온다. 마침 앞자리가 비었다. 한 분이 눈치를 차렸는지 그 쪽으로 옮겨 앉은 후에야 겨우 내 좌석에 앉아가게 되었다. 옆 자리 노신사분이 하시는 말 "허리도 아픈 것 같은데 자리를 양보하고 몇 시간을 서있으니 힘드셨겠오. 이 열차를 항상 이용하고 있지만 자리를 양보하는 사람 보지를 못 했는데" 하면서 감동했다는 표정이다. 보기 드문 일이라면서 연신 칭찬이다. "한 일을 보면 열일을 알 수 있다면서." 등등 민망스럽다. '나는 어르신한테 자리 양보하는 것은 당연한 일이 아이냐'고 했다. 하지만 그분은 '몸에 배인 것 같다.'며 입에 침이 마르도록 치켜 올려 오히려 쑥스럽기까지 했다.

봉사란 받들어 섬긴다는 뜻이다. 봉사단체를 이끄는 나는 과연 봉사다운 봉사를 하는지 부끄럼이 앞선다. 오늘도 점심이 후 봉사활동을 해야 하는 날이다. 서둘러서 내가 사는 김제로 내려오는 중이다. 노신사와 이런 저런 몇 마디를 주고받는 동안 그 음성이 어찌 그리도 잔잔하고도 그윽이 울리던지. 정말 음성 좋으신 분은 처음 본 것 같다. 인품도 남달라 보였다.

"혹시 어디까지 가시는지요?"

"서대전이요."

"전요 김제까지에요."

서대전에서 노신사 분은 내렸다. 예의 바르게 허리조심 하고 잘 가라는 인사말도 덧붙였다.

서대전에서 김제에 이르는 내내 '어디를 가느냐.'가 아닌 '누구와 가느냐.' 가 그리고 내 옆 좌석에 누구와 같이 있느냐. 가 하루기분을 좌우한다는 것을 새삼 느꼈다.

실은 어제 막내딸 아이 이사하는데 짐을 풀고 정돈하고 며칠 더 쉬었다 가라고 했지만 하룻밤만 쉬고 오는 길이었다. 그런데 이렇게 옆자리에 귀한 분을 만났다. 신분은 모르지만 위풍이 있고 지성미가 흘렀다. 신문을 읽는 모습은 잔잔한 호수를 살짝 흔드는 느낌이었다. 물이 담긴 그릇에 소리를 내면 우렁우렁 하는 그런 울림이었다. 참으로 처음 듣기 좋은 근사한 음성이었다. 지금도 그 음성이 귀전에 맴돈다.

기차 안의 풍경은 다양하다. 술에 취해 큰소리로 계속 쓸데없이 휴대 전화만 하는 사람과는 차원이 다르다. 앞자리에는 보따리를 힘겹게 지고 들고 딸집에 가는 노모가 연신 자식자랑 손자자랑이다. 이런저런 기차 안의 풍경은 다양하다.

술 냄새도 없고 중언부언 잡담도 없고 제자랑에 억지로 말을 시키는 일도 없는 그런 옆자리를 만나기는 쉽지 않다. 대화가 통하고 점잖고 듣기 좋은 음성의 이런 신사분이 옆자리에 다시 앉을 수 있을까. 나는 가끔 기차를 탈 때마다 그 노신사분을 떠올린다. 한 번 더 만나보고 싶은 옆자리의 노신사분이시다.

2007. 6. 5. 열차에서

별을 꿈꾸다

지금 난 600여명의 병사들 앞에서 대대장 취임사를 하는 아들의 우렁찬 목소리를 듣는 중이다. 이른 아침부터 혹한을 견디며 호남평야에서 이곳 멀고 먼 강원도 인제까지 달려와 이 넓은 연병장을 바라보는 중이다. 23여 년 전의 그 연병장이 떠오른다.

그날도 눈보라가 치는 몹시 추운 날이었다. 두리번두리번 똑같은 병사들 속에서 내 아이를 찾는 일이 쉽지 않았다. 어디에 있을까. 나는 선배 생도의 안내를 받았다. 턱 버티고 서있는 모습은 분명 아들이었다.

"충성! 1990년 3월 3일 부로 육군사관학교에 입학하게 됨을 신고합니다. 충성" 와!! 늠름하고 군센 외침은 하늘을 찌르는 듯 했다. 이 나라 온 겨레를 책임질 수 있는 음성으로 나는 들렸다. 지금도 그 음성이 쟁쟁하게 들리는 것 같다.

그해처럼 추운 겨울이 또 있을까. 3월인데도 눈보라가 휘몰아쳤다. 얼마나 추웠는지, 외투를 입어도 덜덜 떨렸다. 아들의 얼굴은 푸릇푸릇하다 못해 아예 검은 색이었고 손등은 부었다. 극한 훈련에 시달린 모습이 역역하였다. 고생이 얼마나 많았을까. 하는 생각에 울컥 속이 아려옴을 겨우 참았다.

육사 입학식이 끝나고 방문한 내무반은 자로 잰 듯 딱 맞게 모포며 복장 등이 칼날처럼 각이 서 있고 향수를 얼마나 많이 뿌렸는지, 숨이 막힐 지경이다. 후에 들은 얘기인데 사내 냄새를 제거하려는 선배들의 배려란다. 인솔 선배가 설명하는 동안 두 주먹을 불끈 쥔 차렷 자세와 직각 식사며 하루를 돌아보아도 다 볼 수없는 주변들, 그리고 육사를 거쳐 간 발자취들의 선배 명단이 빼곡히 적혀있었다.

역대 대통령 이름도 있고 유명한 장군들의 이름도 있었다. 이곳은 국가의 인재를 양성하는 곳이다.

아들은 항상 아버지의 육사타령에 머리가 아프다고 했다. 남편의 그런 세뇌교육은 자기가 이루지 못한 소원을 자식을 통해 대리만족 하려는 의도였을 게다.

아들은 어느 날 중학교 3학년 때 "육사"라고 여기저기에 써 붙여 놓고 굳게 다짐하더니 혹독한 관문을 여러 번 통과해 지금의 여기까지 온 것이다.

누구나 목적을 달성 하려면 피나는 노력 없인 이루지 못할 것이다.

고등학교 기숙사 생활 때는 코피에 젖은 베개를 토요일 마다 빨아주면서 마음이 짠했다. 그런 날은 잠을 못 이루었다. 피곤해 하는 아들을 위해 오로지 간절히 기도하는 것이 내가 할 수 있는 것의 전부였다.

"고등학교 때처럼 열심을 하면 다 이겨낼 것 같다."

는 아들이 어려운 일에 부딪치면 뇌까리던 말이다.

육사를 뒤이어 공사에 들어간 연년생인 막둥이도 내년이면 이 자리에 오를 것이다. 두 아들을 나라에 맡기고 '이 목숨 다 하여 조국을 위해'하는 아들의 구호를 외어 본다.

어릴 적 개구쟁이 시절이 엊그제 같은데 나는 보이스카우트로부터 다져온 아들의 교육과 체력을 믿는다. 둘째가 공사 졸업식 날 가족친지 어르신들 앞에서 답사로 인사하는 모습이 역역하다, 아들은 말했다. "이 세상에서 가장 엄하신 아버지인 반면에 가장 자상한 어머님으로부터 자라고 배우고 익혀서 여기가지 온 겁니다. 부유하고 호강스럽게 자랐더라면 난 졸업을 못 했을 겁니다. 이제부터 열심히 충실하게 좋은 모습으로 여러 가족 어르신들께 보답하는 일만 남았습니다."

코 흘리게 가 아닌 이 나라의 기둥으로써 손색이 없는 아들의 힘찬 각오와 늠름함에 나는 얼마나 흐뭇했었는지 모른다.

몇 년 뒷면 이 나라 이 민족을 빛내줄 새로운 대한민국의 두 스타가 탄생할 것을 두 손 모아 기도드린다.

육군 장성. 공군 장성. '파이팅' 하고 외쳐 보기를 하늘에 빌고 또 빈다. 일 년이면 많이 와봐야 두세 번 얼굴을 드미는 아들들이다. 하룻밤 아니면 이틀 밤을 쉬어가는 것이 고작이다. 비상이 있으면 오는 길을 되돌리는 날도 빈번하다. 항상 대기 상태인 두 아들이다. 빨간 머플러를 아버지 목에 걸어 줄

때도 나는 아들의 건강과 시국의 평화를 기원했다.

나는 매서운 하늘을 보며 지난 일을 생각한다. 저 넓은 연병장, 많은 장병들, 하늘에선 눈이 내리고 세찬 바람이 휘몰아치고 있다. 그래도 추위를 견디며 이 수많은 장병들의 힘에 넘친 함성을 듣는 것이 싫지 않다. 내가 지휘하는 병사들의 함성인양 힘차게 행진하는 병사들의 모습이 어찌 그리도 가슴을 벅차게 하던지.

꿈에 그리는 하늘의 별들을 세어본다. 반짝반짝 나라를 지키고 국민을 보호하는 별들의 잔치가 벌어지는 찬란한 꿈을, 우리 아들들의 별을…

2011. 12. 16 큰아들 대대장 취임식

발자국

밤새 내린 하얀 눈 위에 발자국으로 예쁜 수를 놓았다.

새로 사 온 리본 달린 하얀 고무 구두를 자랑삼아 밤새 끌어안고 신어보고 폴짝 뛰어보고 입맞춤했다. 아침이 오기만을 고대하다 최초로 춤을 추며 세상 밖으로 외출을 한다. 멋진 신발을 자랑삼아 발자국을 낸다. 신이나 어깨가 으쓱 힘이 불끈 솟아난다.

보지도 못하고 듣지도 못한 이런 멋진 하얀 고무 구두는 부러운 대상이었다. 나는 스타가 된 기분이다. 검정고무신만 신었고 그것도 찢어지면 까만 실로 꿰매 신었던 어제와는 아주 다른 기분이다. 사범학교에 다니는 넷째 오빠의 선물이다. 오빠들은 막내인 나를 항상 예뻐했다. 오빠들의 선물은 친구들의 부러움이었다.

특무상사인 셋째 오빠도 집에 올 때마다. 찝차를 몰고 와 미제 초콜릿과 껌, 사탕, 과자 등을 가져온다. 친구들과 어김없이 하나씩 나눠 먹는 재미가 어제 같다. 차에 때를 묻힌다고 손도 대지 못하게 하면 내 주위에 우르르 몰려와 미제 과자에 눈독을 두는 친구들의 우상이 내심 기뻤다.

하나씩 나눠주는 재미는 이 세상 어디에도 없다. 간따꾸며 세라복은 언제나 먼저 도시의 풍경과 시골농촌의 패션이 되었고 항상 제일 먼저 도시의 풍경을 누리니 나의 자랑거리인 것이다. 신기하여 친구들은 하얀 고무 구두를 돌아가며 신어보기도 한다. 고무줄놀이에 흙이 튕기면 소맷자락으로 쓱쓱 닦아냈다. 애지중지하며 걷다가도 먼지가 묻으면 손바닥으로 침을 묻혀 닦았고 보물 중의 보물이었다.

사랑을 독차지한 막내인 지금 나는 다섯 자녀의 보살핌 속에서 저세상으로 떠나간 오빠들을 생각하면 맨 먼저 떠오르는 것이 하얀 고무 구두다.

기다리는 마음

잊으려 해도 잊혀 지지 않는 모습에 잠 못 이루네요. 아른거리는 모습이 더욱 또렷해집니다. 마음속에 도사린 자상하고도 부드럽고 온화한 음성이 가슴 시리도록 그립습니다.

좋은 인연을 아픔으로 간직해야 할 것인가요. 나는 사무치도록 그리운 덫에 걸리고 말았나 봐요. 목을 내밀어 봐도 귀를 열어봐도 내일이나 혹은 이제나저제나 소식을 기다려 봐도 시간은 휙 떠나 버리고 맙니다. 소식은 슬픔으로의 향기는 가슴속에 스며 넘치는데 맞이할 준비도 돼 있는데, 오지 않는 소식을 향해 기도를 올립니다.

보고지고 듣고 싶고 또 듣고 싶은 음성입니다. 아늑한 품속처럼 적막은 넘치고 서러움에 북받쳐 그대의 이름을 되 뇌여 봅니다. 하늘만 멍하니 올려다봅니다. 귀만 열어놓고 하염없이 '어서 와다오. 그리운 그대. 나를 웃게 해 주오. 마음으로 외칩니다. '기다리는 맘 헤아려 주오. 내 사랑 그대'

봄날에

소리 없이 가만히 봄비가 마른 나뭇가지에 촉촉이 내린다. 새싹들은 기뻐 뛰며 고개를 내밀고 합창을 한다. 활기를 불어넣어 우리에게 활력소를 주는 멋진 계절이다. 사계절이 있어 더욱 아름다운 오늘과 같은 내 나라의 싱그러운 봄날, 어찌 봄노래 한 곡이 없겠는가, 수많은 봄의 찬가가 목마른 가지 위에 앉아 살랑살랑 나부끼며 저절로 입가에 미소를 머금게 하는 봄날이다.

따뜻한 양지 녘 담벼락의 돌 틈에는 샛노란 민들레가 활짝 웃음 웃는다.

샛노란 산수유도 수선화, 개나리도 앞을 다투어 피기 시작한다. 춥지도 덥지도 않은 계절이다.

저 남쪽 나라 벌판은 사계절 내내 오월의 날씨라고 하지만 우리는 추운 겨울을 호되게 앓아야 하기 때문에 우뚝 선 봄이 더욱 대견하기만 하다. 화사하고 활기찬 기운이 넘쳐 기지개를 켜는데 따르릉 전화벨이 울렸다. 어김없이 오후에 걸어오는 소리다.

"오늘은 또 어디 다녀왔어" 친구의 처진 목소리가 건너온다. 어쩌다 오후 여섯 시 전에 전화를 받으면 "어쩐 일로 오늘은 일찍 왔네! 뭐 했어, 누구랑?

저녁밥은 먹었어? 무슨 반찬하고 먹을래?"

일거수일투족을 꼬치꼬치 묻는다. 이런 전화도 이젠 익숙해졌다. 나의 일상을 모두 꿰뚫려 든다. 숨김없이 나도 대답해준다. 할 말이 많은 세상인데 모임에는 나오지도 않고 신문을 읽었는데 어쩌고저쩌고하다가 글을 한 수 적은 것 들어보라 하면서 옛날 적어 놓은 것을 하나하나 읽어 내려간다.

다음은 노래 한 곡 배웠는데 잘하나 평을 해달란다. 그의 글과 노래를 듣고 있노라면 지루하고 짜증이 난다. 나도 할 일이 많다. 외출복을 벗지도 않았는데 자기 말만 주워댄다. 저녁을 김장김치에 맛나게 먹었다느니, 그의 말대꾸는 들어주다 보면 시간이 훌쩍 간다. 어떨 때는 내 귀한 시간을 허비할 때도 적지 아니 있다.

시도 때도 없이 허물이 없다며 이른 아침에도 잠잘 무렵도 가리지 않는다.

그의 전화가 반갑지 않을 때가 많다. 그런데 전화가 없으면 은근히 무슨 일은 없는지 걱정이 되기도 한다. 아프지는 않았는지, 시끄러운 것도 싫어하는 친군데 이웃에 놀러 갈리는 없을 테고, 잘 나다니지도 않는데, 여러 가지 염려와 걱정이 든다. 워낙 혼자 집에만 있기 때문이다.

나는 그의 푸념과 외롭고 슬픈 사연들을 잘 들어주는 편이다. 요즘에는 그의 애깃거리가 별로 가슴에 와 닿지도 않는다. 똑같은 하루하루다. 시간만 낭비하고 있다는 느낌이 들어 모임에도 참석하고 문화생활도 즐기며 운동도 해보라고 권유도 해보았다. 그런데 밖에 나가는 것이 싫단다.

한가하게 그의 노래를 평할 시간도, 오늘 한 일을 일일이 보고할 일도 더더군다나 그의 푸념을 언제까지나 들어야 하나, 얘기를 바꾸어버렸더니 누구는 코도 세우고 쌍꺼풀도 해서 미인이 됐다고 한다. 돈 세상이어서 돈을 얼굴에 바르니 절세미인으로 바뀌었다나. 그래서 살랑살랑 춤바람이 났다며 박장대소를 하고 만다. 좀 더 밝게 살았으면 좋겠다는 생각이 든다.

상식이 풍부하고 재주가 많은 친구다. 그런 그가 옛날에만 젖어 자기 틀에 빠져 사는 것이 안타깝다. 영원할 것 같은 그의 생각의 틀을 벗어나야 할 것 같다.

추억만 더듬는 늙은이가 되지 않아야 하겠다. 방안 퉁소를 면해야 되겠다.

심한 추위를 이기는 것은 포근한 봄이 반드시 오기 때문이다. 삶의 무게는 나이의 많고 적음을, 젊고 늙음을, 가리지 않는다. 꽁꽁 얼어붙은 강도 봄바람이 불면 슬슬 녹기 시작한다. 무거운 짐이 가벼워지는 그 달콤한 순간도 짧기만 하는 것이 우리가 사는 세상 아닌가. 친구는 아직도 춥고 외롭다니 어찌할꼬! 이 좋은 봄날에,

발리에서 회갑을

10여 년 전이다. 인도네시아의 발리 섬을 향해 우리 가족 일행은 비행기에 올랐다. 뭉게구름 위로 떠가는 비행. 그리고 일몰의 아름다움. 이글거리는 큰 불덩이가 저쪽 산모퉁이에 차츰차츰 떨어져 가는 모습은 아주 환상적이다. 하늘 위에서 바라보는 산. 강. 들. 건물들이 신기하고 멋지다.

공항에 도착 하자마자 꽃다발을 목에 걸어준 젊은 가이드 꼬망 이란 사람은 아주 친절했다.

숙소를 안내받았고 피로를 풀기 위해 족욕과 맛사지를 받아 여독을 풀고 다음 날 아침 파티에서 케이크를 잘랐다. 나의 예순한 돌 환갑날이었다. 자녀들이 장성하여 이런 축복을 받으니 고맙고 감사하다. 건강하고 착하고 부지런히 자기 맡은 업무에 충실하고 잘 살아가는 것만으로도 나는 만족하다.

발리 섬을 실컷 즐겨 보리라 다짐하고 끝없이 드넓은 바다와 모래밭을 한가로이 낙타 등에 업혀 거닐어도 보고 날마다 머리와 목엔 꽃으로 단장을 했다. 우리나라는 가장 추운 겨울

12월인데 여긴 항상 5월의 계절로 꽃 천지였다.

여행길이 즐겁고 건강해야 서로 사랑하며 아끼는 것 같다. 마냥 즐겁기만 하다. 새로운 환경과 문화를 접하며 걱정 없이 여행을 즐겼다. 신을 모시는 제사상에 매일매일 꽃을 갈아 올리는 모습이 특이하고 손으로 식사하는 것이 보기엔 좀 그렇지만 금방 스쳐 버렸다.

짙은 쪽빛 바다! 끝이 없는 수평선! 그림 같은 환상에 그 대자연을 잊을 수가 없다.

해변 계곡의 물살을 가르며 레프팅은 정말로 신났고 박쥐들이 무리를 이루어 춤을 추는 모습들도 장관이다. 일기가 변화무쌍하여 앞에는 해가 뜨고 뒤에는 금세 비가 내린다.

여기저기 싱싱한 과일로 음료를 대신하고 계곡. 산 . 원숭이들이 젊음을 불러주고 환갑인 나를 철없이 들뜨게 했다.

가족들이 고맙다. 편안하고 즐겁게 잘 다녀온 것은 참으로 행복한 일이다. 먼 훗날 뒤돌아보며 즐길 추억이 생겼다. 나는 그날 미소하며 마지막 날을 맞을 것이다. 그리고 그때 발리가 좋았다. 라고 말할 것이다. 가끔씩 10여 년 전의 발리 여행이 떠오른다. 그 젊은 회갑이 마냥 즐거웠고 생생함. 풋풋함. 그 61의 해가 그립다. 그 바다가 눈앞에 훤하게 비추인다. 발리 섬에 또 다시 가보고 싶다.

2001.12. 24 발리 섬에서 회갑

사랑을 주우러 간다.

살랑살랑 봄바람이 인다. 나는 봉황문학회에 끼어 향일암으로 문학기행을 떠났다. 내 건강을 생각하면 무리이다. 가파르고 높고 힘든 코스였다. 숨이 헐떡인다. 땀은 줄줄 흘러내리지만 언제 또다시 오려나 싶다. 죽을힘을 다해 정상까지 올랐다. 나도 모르게 내가 기특하고 대단하다. 나는 나에게 박수를 보낸다. 물론 모든 분의 찬사도 들었다. 기쁘다. 남들은 거뜬한데 나는 힘이 든다. 벌써 이런 처지인가 싶으니 세월의 무상함을 다시 느낀다.

허리가 아픈 것을 견디었더니 무리인 듯하다. 관람이 목적이 아니라 오른다는 오직 일념으로 해낸 기행이었다. 기쁜 맘으로 봉황이 나를 이끌어준 하루였다. 무엇보다도 전 총무의 덕이다.

그 보답으로 뒤처지지 않고 폐 끼치지 않고 뒷방 마님의 격을 깨트리자고 나는 애를 썼다. 그것이 봉황문학회에 이바지하는 방법이라고 몇 번을 추수렸다.

봉황문학에 출석한 지 일 년이 되었다. 그저 노인 대접을 받기 보다는 젊은 친구들과 대열에서서 문학 강의도 듣고 멋지고 좋은 글쓰기 공부하는 것이 즐겁다.

시집 한 권 제대로 읽어본 적이 없던 나였다. 봉황문학회 총무의 이끌림이 아닌 보호 아래 그리고 그 은덕에 피로도 잊는다. 날아갈 것 같은 기분이다. 이벤트 글쓰기에서 영화티켓도 받아 런닝멘도 관람했다.

봉황문학 출석하는 날은 한 발 한 발 사랑을 주우러 가는 날이다. 그리고 건강을 담은 자신감마저 주워온다. 고맙고 감사하다. 글공부에 뒤지지 않으려고 문학의 사랑을 주우러 허리는 구부러지고 발은 휘어 볼품없는 꼴이지만 뒤늦게 배움을 떨쳐버릴 생각은 전혀 없다. 우리 봉황의 회원들 모두 모두에게 감사하고 고맙다. 사랑해요.

2013. 4. 21 문학기행

불법 동침

찜통더위엔 움직이면 더욱 덥다. 창문을 활짝 열고 가만히 있으니 시원해서 아예 방충망까지 열었다. 시원한 바람이 쏟아진다. 피서치고는 안성맞춤이다. 기분 좋은 방안에서의 여름날은 최고다.

아침에 일어나보니 거실에 말려놓았던 호박씨가 여기저기 흩어져있다. 불법 침입자가 있었던가. 분명 시원함을 함께 느끼고 싶어 침범을 한 것 같다. 이튿날도 산책한 흔적이 이리저리 여기저기 소파 안쪽에 저장고를 만들어놓고 TV 뒤쪽엔 식탁을 마련하고 캠핑을 즐기고 있다.

'피서를 여기서 하려고?' 아니 나와 같이?' 어림없는 일이다.

적과의 싸움은 시작된다. 끈끈이 밥상을 차려 주었다. 약삭빠르게 귀신같이 잘도 피해 자기 식탁으로 물어간다. 이틀 밤을 이렇게 불법자와 동침을 했다. 특단의 조치가 필요하다. 쥐덫을 사다 놓고 밤새 불침번을 섰지만 야속하게도 졸림이 훼방을 놓는다. 잠이 들고 말았다.

혹시나 하고 아침에 눈을 뜨자마자 곧바로 거실을 살폈다. 끈끈이에 붙어 생을 마감하고 말았다. 그렇게도 왕성하게 잘 살아 보겠다고 피서까지 즐기며 이리저리 뒤집고 헤집고 다녔는데 ...

"죽임을 당하는 너의 운명이 원통해서 어쩌나"

혼자 뇌까리며 좀 시원섭섭하다.

말복도 입추도 지났다. 비가 내리는 여름밤은 짧기만 하다. 선선한 기온이 이불을 챙기게 된다. 생쥐의 짧은 여름도 끝이 났다. 생쥐에게 음식을 조달하느라 잠을 설쳤지만 덕분에 대청소를 했다. 게으름 피웠던 내게 오히려 생쥐가 부지런을 가르치고 갔다. 청결하니 상쾌하다.

무더위는 식어가고 창문도 닫았다. 호박씨도 없어지고 생쥐도 안녕하고 여름 태풍에 밀려갔다. 태풍이 그냥 약하게 지나갔으면 좋겠다. 서늘한 산들바람이 가을을 재촉한다.

두 켤레 구두

현관문을 열면 똑바로 놓인 구두 두 켤레가 보인다. 항상 그 자리를 고집하고 대기 중인 구두 두 켤레를 정성스레 닦아 놓는다. 큰아들과 작은아들의 구두이다. 군화는 아니지만 언제라도 집에 오면 신을 수 있도록 준비해 놓는다.

먼지가 앉을까. 삐뚤어지게 놓은 것은 아닐까. 현관문을 열고 닫을 때마다 살핀다. 늘 열중쉬어 자세로 놓는다. 항상 비상대기 중인 것처럼.

오늘도 국가안보를 위해 본분을 다하기를 기도하며 닦고 또 닦는다. 비록 새 구두는 아니지만 항상 소중하게 반짝반짝 닦아놓는다.

두 아들에게 응원과 박수를 보내며 닦는다. 업무 수행에 차질이 없도록 닦는다. 소중한 두 아들이 언제라도 신을 수 있는 두 켤레의 구두를 마주할 때마다 나는 기분이 좋다.

홀로 사는 내 집을 지켜주는 구두 두 켤레가 국방을 감당한다는 생각을 하면 대견하고 안쓰럽다. 군인의 길이 어디 쉬운가.

오늘도 나는 두 켤레의 구두를 닦아 가지런히 놓는다.

이 구두는 나라를 지키기 위해 최선을 다하는 두 아들의 발이다.

현관문이 든든하다.

맛난 점심

시간에 맞춰 서둘러 나갔지만 휭 하고 버스는 지나갔다. 한 발 늦어 놓치고 말았다. 30분이 지나야 다음 차다. 마냥 기다릴 수 없어 다시 강당으로 갔다. 생활체조가 끝난 후 곧바로 나간다는 것이 늦어버렸다. 가끔 일 이 분 차이로 차를 놓치는 일이 예사다.

다음 시간은 노래공부다. 아예 점심을 준비해서 노래교실을 찾는 이들이 많다. 왕언니가 손짓을 한다.

"어서 와 동생"

'같이 먹자'며 신문지 밥상 위에 그득 차린다.' 와' 파전, 명태전, 떡, 겉절이 김치, 등 푸짐하다. 준비해 온 솜씨에 놀랐다.

"무슨 음식이 이렇게 많아요?

어제가 영감님 기일이란다. 어차피 장만하는 김에 같이 나누려 조금 더 준비했단다. 넉넉하고 후덕한 마음씨가 모두를 기쁘게 했다. 먹기 위해 사는가. 살기 위해 먹는가. 나는 살기 위해 먹는다. 때가 되니 먹어야 하고 함께 나누면 금방 친해져서 정도 깊이 든다. 여럿이 모여 한 가지씩 가져온 음식을 나눠 먹는 재미도 보통 맛이 아니다. 어떤 이는 밥, 어떤 이는 김치, 누구는 나물, 갖가지 솜씨들이 어우러져 정은 곱절로 깊어 간다.

5년 만에 처음으로 배를 불렸다. 그동안에는 밥 한 그릇을 맘 놓고 먹지 못했다. 어찌나 맛있게 먹었는지 위장에 탈이 나지 않을까 걱정을 하면서도 술술 잘도 넘어갔다. 왕언니도 잘 먹어야 소화력이 좋아진다며 자꾸 먹으란다. 이것저것 남은 것을 싸 주기까지 한다. 몇 년 만에 포식을 하니 만족스럽다.

"왕언니 잘 먹었습니다. 그리고 고맙습니다."

"아이참 꼭 애기 갔네."

모두들 함께 웃었다.

싸들고 간 음식을 이웃들과 다시 나누며 왕언니의 음식 사연도 곁들였다. 다음날도 그 다음날도 나의 위장은 건재했다. 왕언니가 너무 고마워 핸드크림을 손에 쥐여주었다.

"뭐 이런 것까지 주노, 잘 쓸게 동생"

80이 넘은 언니가 체조며 노래교실에 꼭 참석한다. 젊은이들과 같이하는 모습이 참으로 보기에 좋다.

한 시간 동안 땀을 흘리면 일주일의 화. 목요일은 벌써부터 기다려진다. 목요일은 대학에서 글공부를 즐긴다. 더없이 즐겁다.

맛난 음식 덕분에 활력을 크게 얻었다. 나이 든 언니들에게 맛난 음식을 한번 대접해야겠다. 찰밥을 할까. 아님 김밥을,

궁리하는 자체만으로 들뜨고 행복하다. 무엇을 준비할까? 이런 고민도 얼마 만인가.

2014. 3. 18. 복지관

봉사(奉仕)

받들어 섬긴다는 뜻이 봉사이다.

나는 지금까지 봉사를 해왔다. 매년 총회 때마다 임원선거, 결산, 예산, 과 새로운 지도자를 선출한다. 해야 할 일들과 회원들의 단합, 등 여러 가지 할 일이 많다.

요양원 방문과 독거노인 찾아가기, 노인정 방문, 영 유아원 방문, 등등 지난 해에도 외롭게 사는 소외층을 위해 내 모든 몸과 정성을 기울여 나름대로 열과 성을 다했다고 자부를 하고 싶다. 푼푼이 모아 장학금도 전달했고 조선가족 다문화가족에게 김장김치를 담가 주고 생필품 전달은 물론 환경캠페인, 태풍피해 농가 일손 돕기, 주변 도로 청소하기, 크고 작은 행사에 일손 돕기, 어르신들 한마당 잔치를 벌이기도 하였다. 봄나들이에는 하루 며느리. 딸이 되는 다양한 봉사활동을 하고 있지만 그래도 우리의 손길을 절실히 바라고 있는 사람들에게 다 미치지 못해 안타깝다. 짧은 시간이지만 일부러 찾아가 위로와 격려와 수고를 나누고 오는 길은 피곤해도 행복하다.

춤도 추고 노래도 하고 마술도 보여준다. 아무 생각 없이 멍하니 멈춰있는 노인들에게 억지웃음을 주고 오는 길은 마음 한구석이 텅 빈 것 같아 발걸음이 무거울 때도 있었지만 좋아하고 손뼉 치고 덩실덩실 춤을 추고 기뻐하면 나도 기쁘고 뿌듯하다. 다음에 또 오기를 소원하는 모습을 보면 '오늘은 참 좋은 시간이었다' 는 가벼운 발걸음으로 귀가한다.

하찮은 것부터 우리는 실천에 옮겨야 한다. 내 손이 내 발이 움직일 때까지는 나보다 부족 하고 어려운 자에게 도움을 주려 한다.

그것이 봉사자로서 해야 할 내 임무이다. 내가 할 수 있는 데까지 도우며 사랑하며 봉사해야겠다는 생각을 다시 해 본다. 정성을 다하여 섬기고 받드는 일이 우리 봉사자의 할 일이니까.

산행(山行)

햇볕이 내리쬐는 6월의 따사로운 여름날 오늘은 현충일이다.

나라를 위해 목숨 바친 숭고한 이들을 기리기 위해 휴일로 정한 날이다. 유달리 바람 한 점 없이 무덥다. 사십 대. 오십 대. 육십 대. 칠십 대가 모였다. 시원한 산들바람이 아니 불고 배기겠는가?

김제의 자랑인 금산사 기슭의 정기를 받은 호수산장에서 계곡물 소리를 들으며 정자나무 밑에서 메기탕을 먹는다. 온갖 풀벌레 소리와 계곡의 물소리와 어울려 우리를 반긴다. 자주 찾는 이곳인데도 느낌이 새롭다.

세월의 흐름은 시간의 차이일 뿐이다. 사십 대의 한 선생 .오십 대의 이 선생. 육십 대의 장 선생. 그리고 칠십 대의 나. 장 선생이 우린 사대 통합이란다. 통합의 면모를 보여줄 태세다.

세월을 훌쩍 넘어 가수 '소녀시대'의 나이로 돌아가 본다. 4명이 깔깔대고 수다를 떨며 더위를 식힌다.

금산사에 오르기 전 호숫가 증산교 큰 건물 그 뒤로 동심원을 찾았다. 산을 갈고 닦아 독도지킴이라고 해서 우리 친척이 이름 지어 후손들이 자라고 배움의 길을 열어줄 학당을 만들고 있다고 했다.

동심원이란 이름만으로도 창세기의 에덴동산을 방불케 하리란 기대에 찬 우리 가족은 가끔 김밥을 싸들고 올랐던 곳이다.

사람의 손길이 얼마나 갈급한지 짐작이 간다. 이토록 스산하고 우거진 잡초 속에 보잘것없이 내팽개친 곳이 되어버리는 중이다. 안타깝다. 어서 깔끔하게 처음 시작했던 그 마음으로 배움의 학당이 되길 빌면서 정자에 오르는데 길을 찾기가 매우 힘들었다.

우거진 잡초 사이를 헤치면서 정자에 오르니 금평 저수지가 눈에 들어온다. 확 트인 물, 우리 김제 농토를 살찌게 해주는 은혜의 저수지이다. 가뭄 속에서도 늘 저 물이 우리의 농토를 적셔주어 가을을 풍요롭게 해 주는 저수지에는 청둥오리떼가 한가로이 떠 있다. 신선이 뭐 따로 있나. 저 청둥오리가 신선인 듯 싶다. 벽에는 좋은 그림이 가지런히 있고 작은 나무 책상엔 방명록이 비치되어 있었다. 가끔씩은 찾아보지만 무슨 사연인지 돌보지 않은 것이 아쉽다. 쉼터로는 명당인데,

우리는 그런저런 이야기를 나누며 내려오다 뽕잎도 따고 취나물도 뜯었다. 약이 되는 나물들이 널려 있다. 특히 네 잎 클로버를 두 개나 발견했다. 기분이 좋다. 괜스레 오늘은 행운이 있을 것 같다.

아직도 여름 해는 길다. 이 선생의 안내로 찻집에 들어섰다.

청도리를 지나 전주로 가는 길목에 연 갤러리에는 주인을 닮은 듯 깔끔하고 단아하다. 정리 정돈이 잘되어 있다. 음악이 좋고 차 맛도 일품이다. 우리 4대의 이야기는 끝도 없이 이어졌다. 스마트폰에 풍경을 저장했다. 아기자기한 꽃들과 어우러져 상쾌한 기분으로 더위를 식혔으니 콧노래가 절로 나온다.

모두들 우리 집으로 왔다. 작은 꽃밭에서 찰칵 추억을 남기고 나의 작은 남새밭 채소를 나눠 먹는 재미도 아주 좋았다. 봉지에 골고루 담아주었다. "잘 먹겠습니다" 하는 맑은 목소리에 힘이 있어 흐뭇하게 서로를 바라보며 아쉬운 손을 흔들며 헤어졌다.

자꾸만 나는 저들의 젊음이 부럽다. 싱그럽고 아름답고 꿈 많은 저들을 보라. 환한 미소와 희망과 즐거움과 행복을 본다. 나도 젊은이들과 젊음을 누리고 싶다.

여름은 해가 길어서 사. 오. 육. 칠십 대의 만남은 영원할 것이다.

※ 4대통합이란 4십 대, 5오십 대, 6십 대, 7십 대를 말함

2013. 6. 6 현충일

2부

위안이라는 것

스님은 내 친구

두메산골 소녀 윤애는 큰 올케의 친척이다. 친정집에 따라갔다가 알게 된 친구다. 그 후로 계속 펜팔 친구가 되었다. 명심보감을 술술 읽고 삼강오륜을 이야기하는 산골 처녀였다. 나는 한번 찾아가면 집에 올 생각도 하지 않고 함께 뒹굴며 거의 보름을 넘긴 적도 있었다.

아마 가을인가 싶다. 단풍으로 물든 산에는 맹감을 따고 가재와 이름 모를 물고기를 잡으며 이산 저산을 오르내리는 재미로 시간 가는 줄 몰랐다.

평야 지대에서 사는 나는 산이 너무 좋았다. 산으로 둘러싸인 안개 자욱한 아침, 재잘대는 산새 소리며 졸졸대는 물소리는 신기하고 좋았다. 산속을 헤매며 뛰놀던 일이 엊그제 같다. 중학교 시절 학기말 때는 집에서 나를 데리러 올 때까지 함께 지냈다. 참으로 무던한 나였다.

졸업 후 소식이 멀어졌다. 마지막 머리 자르기 전이라면서 사진 한 장을 보내왔다. 친구는 2, 3년 만에 입산을 했다. 항상 소녀답지 않던 친구다. 보통사람과는 다르다는 걸 느꼈는데 오래전부터 여승을 생각했던 것 같다.

오랜 세월이 흐른 후 올케로부터 친구의 소식을 들었다. 나는 부랴부랴 제주도 금용사로 달려갔다. 그러니까 나는 학교를 마친 후 스무 다섯 해 만인 것 같다. 설레는 만남이었다. 덩치 큰 내 친구는 금용사의 주지였다. 어색하기도 하고 약간 거리감도 있었지만 금세 얼싸안고 한참을 덩실덩실 뛰었다.

지난 이야기는 다음으로 미루고 헤어졌다. 나의 일 정 때문이었다. 우린 다시 계속 사흘이 멀다 하고 편지를 주고받았다.

해가 바뀌고 달이 바뀌었다. 보고 싶어도 달려갈 수 가 없었다. 오랫동안 세월이 흘러갔다. 그럭저럭 4년 전에 다시 연락이 닿았다. 우리는 서로 얼굴에 주름은 늘었지만 해맑은 웃음 속에 포근하고 자상함이 가득했다. 그를 따라 제주에 살고 싶은 마음이 간절했다. 언제라도 오고 싶으면 오라 한다. 만나면 반갑고 헤어지면 또 보고 싶고 그리운 친구 스님과 다시 만날 날을 약속하고 나의 일상 속에 묻혔다.

미국에서 딸아이가 2년 만에 또 나왔다. 온 가족이 제주도를 여행지로 잡았다. 전화통에 불이 났다. “언제 몇 시에 오느냐” 며 나보다도 더 들뜬 듯했다. 제주 공항까지 영접을 나왔다. 숙식도 제공해주었다. 덕분에 우리 가족은 편안하게 관광을 할 수 있었고 훈훈한 옛 벗님네의 사랑을 듬뿍 받았다.

밤새껏 옛이야기로 시간 가는 줄 몰랐다. 장막이 펼쳐지고 어둠은 깔리고 즐겁게 속삭임 가득한 긴 밤에 정을 두둑이 쌓았다. 아침이 밝아와 지나온 시간들을 모두 이곳에 묻어 두고 싶어 추억도 고스란히 함께하는 돈독함이 묻어나 세상이 다 내 것인 것 같았다.

긴 밤을 산골 처녀와 꿈 많던 소녀 시절로 돌아가 피곤한 줄도 몰랐다. 오랜만에 만난 회포를 푸는 시간이 마냥 즐거웠다. 벗이 이렇게 좋을 줄이야, 산골 두메 소녀는 스님이 되고 나는 예수님을 바라본다. 예수님의 사랑과 부처님의 자비 사상은 모두 같다는 생각이 든다.

베풀고 사랑하는 깨우침은 다른 믿음 세계에서 살고 있지만 우리의 참 다운 우정은 여전하고 영원할 것이다.

약밥으로 케이크를 대신하여 환영 연회를 베풀어 주고 근처 명소까지 직접 수행원을 대동하고 운전대를 잡는다. 토속 맛집을 찾아다니는 배려가 너무나도 고마웠다. 아이들이 "엄마는 어쩜 이런 좋은 친구를 사귀었냐." 고 묻는다.

사찰의 고요한 적막을 깨는 종소리와 목탁소리가 나의 심금을 울린다. 만평이 넘는 넓은 사찰을 운영하는 노고가 여간 아닐 것이다. 머지않아 부주지에 물려줄 생각이란다. 칠십이 훨씬 넘은 얼굴에 아쉬움이 넘나든다. 헤어질 시간이 왔다. 계속 이곳에 머무를 수는 없지 않은가. 또 오라는 말로 건강하자는 다짐을 대신한다.

먼 훗날 윤애가 아닌 현도스님은 두고두고 내 가슴에 살아 남을 것 이다. 절밥은 어찌 그리 정갈하고 깔끔하고 신선했던지 주방보살의 정성 어림이 하마터면 울 뻔했다.

떠날 채비를 서두르며 화장을 하는 내 모습을 보고 “벗님네는 마음이 맑아 얼굴 단청도 곱게 칠하네.” 라고 한다.

어리석음을 깨우치며 뉘우침으로 다스리는 내 친구 현도 스님은 불법 이 깊은 주지이다. 그는 나의 종교를 묻지도 않고 나도 말하지 않았다.

스님은 진정한 내 친구이다.

2013. 11. 6 제주여행에서 내 친구 현도스님

어떤 발레

눈물이 나는 건 왜일까? 감동의 물결이 솟구치는 건 또 뭘까?

피나는 연습 참는 인내력이 만들어내는 이 아름다움이여!

팔 하나의 동작으로 목발과 다리 하나를 의지해서 목을 감싸 안고 온전히 서로 사랑 하는 춤이다. 어쩔 줄 몰라 목을 부둥켜앉은 채 뒹군 춤사위는 한쪽 다리를 의지하여 하나의 팔로 번쩍 들어 올려 빙빙 도는 묘기에 가깝다.

대단한 발레이다. 오른팔이 없는 여자는 왼 다리가 없는 남자의 목발로 짚고 애절한 감정을 쏟아내는 몸짓은 관중의 심금을 울렸다.

진한 감동 그 자체였다. 얼마나 많은 연습에 연습을 거듭 했을까?

서있기도 힘든 목발에 의지해서 두 손도 아닌 한 손으로 서로 한 몸이 되어 추는 발레를 나 관람하고 있는 중이다.

우리는 조금만 아파도 견디지 못한다. 성한 내가 저런 춤을 추려면 한 시간도 버티지 못할 것이다. 체력을 지탱치 못하고 좌절하고 실망하고 기피해 버릴 것이다. 하나의 팔 하나의 다리만으로 노력하면 못 이룰 것이 없다는 절규 같다.

무능력한 내가 육신은 멀쩡하니 저리 할 수 있을까?

하면 될까? 하고 나는 수없이 자문을 해본다. 도저히 못 할 것 같다. 아니 겁이 덜컥 앞을 가로막는다.

기가 막히도록 아름다운 춤을 보면서 나는 저들의 많은 노력과 시간과 정력을 되새겨 보았다. 지금의 내 자신이 부끄럽다.

쑥스럽지만 사랑합니다.

찬바람이 스산하네요. 뒹구는 낙엽과 덧없이 흐른 세월이 야속하네요.

속절없이 그리움만 쌓이는 시간이면 당신의 고마움에 그리움을 얹어봅니다. 깔끔하고 부지런한 당신. 아침상을 차리는 동안 대문을 활짝 열어 마당을 쓸며 깔끔함을 항상 유지하던 당신. 소 · 문 · 복 · 래(笑門萬福來)를 외쳤던 당신.

이 논 저 논을 돌아보며 아침 운동을 겸하던 당신의 하루 일과는 언제나 풋풋했지요.

늦잠을 못 자게 머리맡에 밤새 고인 요강을 비우고 이부자리를 털어 반듯하게 이불장에 넣든 일, 가득 찬 아궁이 재를 말끔히 치워 줬든 일, 내가 싫어했던 일을 손수 덜어주었던 아련한 젊은 날.

감기몸살 한 번 앓지 않던 당신은 건강을 자랑하며 우쭐댔지요. 그런 당신이 내 곁을 먼저 떠났습니다. 작은 사업에 실패를 했어도 당신은 오뚝이처럼 다시 일어섰습니다. 여러 가지

일거리를 만들어 사서 고생을 했던 도전의식은 남달랐습니다. 아무도 못 말렸습니다. 냉수마찰로 추위를 이겨내던 당신은 내의 한 번 입지 않았습니다. 깊은 배려는 당신의 행동 지침이었습니까? 철없이 당신에게 의지하며 아무 물정 모르는 새색시를 아니면 아끼고 사랑하는 순수한 마음이었습니까? 당신은 내 곁에 없고 아무도 나를 도와주지를 않습니다.

지금은 이불 갤 일도 없습니다. 침대에 그냥 깔아놓으면 되고. 방 옆에 화장실 있어 요강 비울 일도 없습니다. 윗목에 거실 있고 주방 있어서 추위에 떨며 물을 길어 데울 필요도 없이 따뜻한 온수로 아침저녁 씻고 있답니다. 이 편리한 주거 환경은 모두 당신이 마련해준 덕택입니다. 이보다 더 큰 호강은 없을 것 같습니다.

옛날 옛적 일들과 비교하면 문득문득 당신의 성실함과 부지런함에 고개 숙여 고맙고 감사할 따름입니다. 술이 지나쳐서 믿었던 공든 탑이 무너질 때도 가끔은 있었지만 5분도 채 참지 못하고 속없이 나를 불러 대던 당신의 음성이 카랑카랑 울려 퍼지는 듯합니다.

시려오고 아려오는 저린 가슴은 애틋한 그리움으로 가득 찹니다.

나는 아궁이의 재를 담아내며 시커먼 먼지를 뒤집어쓰는 일을 가장 싫어했지요. 그런 나를 항상 도와주었습니다. 부엌에서 안방까지 밥상을 들어다 주며 내 허리를 조금이라도 덜 쓰게 했든 크고 작은 배려가 생각납니다. 밤새 허리가 아파 끙끙대는 나를 보고 달려와 주물러줄 손은 지금 없습니다. 속절없이 그 손을 기다리는데 당신의 소식은 깜깜하군요. 추운 걸 못 견디는 나는 항상 아랫목을 차지하고 살았지요. 지금은 따끈한 보온매트와 훈훈한 심야 보일러의 덕으로 겨울을 잘도 지내고 있으니 염려하지 말아 주세요. 잘 자다가도 새벽잠을 못 이루는 나는 왜? 뒤척이고 아파할까요? 있을 적에는 고마움을 몰랐는데 이제야 당신을 애타게 기다리며 그리워하는 내 모습이 부끄럽고 죄송하고 미안할 뿐입니다.

당신은 병마에 시달릴 때 잠깐이라도 내가 눈에 보이질 않으면 온 병실을 찾아다녔지요. 그리고도 "수고한다. 고맙다"는 말은 한 번도 입에 올리지 않던 당신. 물론 나도 마찬가지로 "고맙다." "사랑한다."는 말을 한 번도 해보지 못했지요. 그런 당신은 병마와 싸우면서부터는 나에게 하루에도 몇 번씩 '고맙소.' '미안 하오' '오늘도 수고 많았소.' 하면서 당신의 3년 병마 생활 동안 한꺼번에 다 쏟아 부었지요. 그 찬사를 잊지 않고 기억하고 있답니다. 아픈 당신은 하루에도 몇 번씩 나라를 지키는 두 아들의 추위 걱정, 농사일 걱정을 했어요. 남은 우리들은 잘 지내고 있으니 걱정하지 마세요.

싸늘히 홀로 땅속에 묻힌 외로움이 얼마나 클까요. 사람을 좋아했던 당신, 술친구가 끊이질 않던 당신에게 지금은 껄껄대며 웃어줄 친구도 없이 혼자 얼마나 쓸쓸한가요. 버럭 소리를 지르며 내게 화풀이를 하던 당신. 나도 옆에 없는데 누구한테 화풀이를 하는 가요 잡초 속에 갇혀 얼마나 답답할까요.

깨끗이 잡초를 제거하고 다음에 다시 가면 또다시 무성해지는 52평 넓은 벌에 외로이 홀로 누운 당신에게 나는 정말로 미안합니다. 머지않아 깔끔하게 단장을 하고 예쁘게 꾸며 줄 일이 나의 남은 숙제입니다. 그 곁에 나도 같이 누울 공간을 마련해 두었으니 그동안 못다 푼 회포를 풀 날이 오겠지요. 참고 견디며 천국에서도 대장 노릇 하는 당신의 모습을 그려봅니다.

성실하고 부지런하고 그토록 아끼다 사랑했던 당신이 그립습니다.

세상에서 가장 아름다운 소리는 사랑일 것입니다. 이보다 더 듣기 좋은 말은 없을 것입니다. 쑥스럽지만 못다 했던 말

'사랑합니다.' '사랑합니다.'

말. 말.

인연이란 깊은 관계 속에서 끊임없이 이어가는 인간의 고리라는 생각이 든다. 좋은 인연은 마주치며 주고받는 인사도, 전화도, 언제나 항상 따스하게 감싸준다. 어릴 적 친구가 노년이 되기까지 한 동네에서 한 평생을 한 직장에서 영원히 인연 고리를 이어가는 것을 본다.

비바람도, 눈보라도, 따스한 봄날의 꽃잎도, 온화하고 훈훈한 예기꺼리가 많겠다. 눈이 쌓이면 화롯불 가에 옹기종기 앉아 긴 밤새우며 옛이야기에 꽃피웠든 시간도 아련한 일이었겠다.

아름다운 우리네 사는 모양새이며 풍경이다. 오가는 칭찬이 자랑거리가 한사람을 지목하면 살이 붙고 뼈가 자라 이상하리만치 흉으로 번지기 쉬운 말이 되는 것을 본다.

"발가락 나왔다네." 하면 "허벅지 나왔데." 하는 식이다.

기다리지도 않는데 가끔씩 전화를 하고 안부를 묻고 이것저것 뉴스 꺼리를 듣는다.

나는 대개 이편저편을 판단을 하면서 들어주는 편이지만 자칫 잘 못하면 상상을 초월한다. 전혀 엉뚱한 방향으로 몰리는 경우를 가끔 당한다. 걸려온 전화에 좋은 이야기를 나누다가 어떻게 방향이 바뀌어 삼천포로 나가버리는 경우가 잦다. 그래서 어떻게 해야 목적지로 평탄하게 가야할지 모를 일을 항상 염두에 둔다. 생각해서 두둔해준 말이 크나큰 오해를 부르거나 잘 못 이해하면 뒷수습이 여간 어렵지 않다. 생각하는 척 하면서 뒷벽 치는 경우에는 속수무책이다.

이런 황사는 중국에서 세상지구로 번진다. 말 하는 자, 옮기는 자는 말속에 가시 독이 있어 치명타를 입힌다. 한생명은 시름시름 죽음을 맞을 것이다. 우리가 사용하는 수많은 말속에 칭찬과 격려 위로와 사랑의 메신저는 과연 어디에 있을까? 속상해하고 고민하는 자들의 위로의 말은 어디에서 볼 수 있을까?

전화가 오면 이제는 조심스럽다. 기대하지 안했던 전화로 꼬치꼬치 정보 수집을 한 후에 한쪽 코너에 몰아넣을지도 모를 일이다. 믿고 믿었던 좋은 인연의 고리가 낡아져 가는 느낌이다.

오해의 실마리가 풀리는 시간은 오랜 세월이 걸리겠지?

좋은 인연은 좋은 인연으로 진실하고 탄탄한 연결고리가 되었으면 좋겠다. 표정 하나하나에 아름다움이 실리는 주변을 볼 수 있으면 좋겠다.

찝찝했던 상대의 말 한마디에 밤잠 못 이루는 경우에 놓인다면 책임은 누가 지겠는가. 오해의 소지는 우리 세 치 혀 놀림이 독침이 될 수 있고 명약이 될 수도 있는 법칙을 새삼스럽게 되뇌어 본다.

되돌아보는 하루가 짧으면서도 길다. 수많은 말속에 독침을 면해야 되겠고 오해의 여지는 면해야 되지 않겠는가.

5-3=2+2=4 오해를 세 번 되새겨 보니 이해가 되더라. 다시 이해를 하니 사랑이 생기더라는 말이다.

오빠생각

방학이 되면 언제나 잔치가 벌어진다. 망토를 펄럭이며 사범학교에 다니는 멋쟁이 넷째 오빠가 오는 날이다. 셋째 오빠는 특무상사였다. 반짝 반짝이는 계급장을 뽐내며 찝차에서 비스킷 초콜릿 껌을 온 동네 아이들한테 나눠주었다. 셋째 오빠는 꼬마들의 우상이었다. 막내 오빠는 하모니카를 잘 불었다. 골목대장이었다. 오빠들이 집에 오는 날은 집안이 웃음꽃이 피었고 잔치날이나 다름없었다.

둘째 오빠는 창을 잘 부르고 북을 잘 치는 활량. 노름을 해서 살림살이를 탕진한 것을 빼놓고는 화목하고 다복한 가정이었다. 덕분에 나는 진학이 늦어지고 편입의 아픔도 겪어야 했지만 큰오빠의 배려로 무사히 학업에 열중했던 일이 생각난다. 다섯 오빠들의 사랑을 독차지한 나였다.

언니는 예쁘고 똑똑하고 화술이 좋아 웅변을 잘하고 상이란 상은 모두 휩쓸어왔다. 다재다능한 언니 그늘에 묻혀 빛을 못 본 어린 시절의 겨울 방학이 떠오른다.

밤새 내린 눈은 은빛으로 변했다. 동네 오빠들도 함께 작대기나 막대기 하나씩 걸머지고 꿩 사냥을 나서면 언니와 나도 덩달아 뛰어다녔다. 그 덕에 손발이 동상에 걸려 고생깨나 했었다. 밤에 콩 자루에 발을 묻고 자고 나면 괜찮아졌다.

신바람이 절로 나는 방학이다. 꿩을 어깨에 메고 들어서는 오빠들은 개선장군처럼 노래도 부르고 춤도 추었다.

참새잡이도 재미난 놀이었다. 지붕 처마 구멍에 깊숙이 손을 넣어 잡거나 그물을 이용해서 잡기도 하였다. 나무로 만든 새총에 맞은 새를 마구 뛰어가 주어오는 것이 내 임무였다. 새끼줄에 주렁주렁 꿰어서 들고 와 짚불에 구워 먹는 맛을 쇠고기에 비하랴 꿩탕에 참새고기의 겨울 잔치는 여기서 끝이 아니다.

한겨울밤 하모니카와 기타 소리에 설렌 동네 아가씨들은 과자며 맛있는 걸 들고 우리 집에 모여들었다. 한밤의 향연이 벌어지고 덩달아 매어준 소도 음매 하며 우는 일도 많았었다.

여름이면 여름대로 모깃불을 피워놓고 옥수수며 감자를 부채질 하면서 익혔였다. 별 하나 별 둘을 세고 은하수 노래 부르면 덩달아 매어둔 소 울음소리가 정겨웠다. 그런 여름밤을 묵묵히 지켜보던 우리 집 기둥인 교감인 큰오빠는 학교와 집만 생각했다. 큰 오빠는 거나하게 술에 취하면 일본 행진곡을 곧잘 불렀다. 어린 동생들 하나하나를 칭찬하느라 긴 밤을 지새우곤 했었다.

사랑받고 추억이 많은 어린 시절이 없는 사람 어디 없으랴.

하지만 내가 받은 그 많고 많은 사랑은 누구에게도 뒤지고 싶지 않다. 또한 그 누구와도 비교하고 싶지 않다. 많은 오빠를 둔 덕에 나는 자랑 아닌 자랑을 항상 늘어놓곤 했다. 언제나 어릴 적 방학은 더없는 추억이다.

모두 학업으로 직장으로 다시 떠나야 할 지음 내 숙제도 봐주고 그림 솜씨를 뽐내기도 하고 올망졸망 자취생활에 필요한 물건들을 챙기느라 집안은 어수선했다. 올케들이 고생이 많았었다.

손님은 쉴 새 없이 많아 얼마나 귀찮았을까. 찡그린 낯빛을 보이지 않은 올케에게 감사한다. 개성이 각각 다른 다섯 오빠들의 사랑을 독차지한 나의 이름은 항상 '아가다. '우리 아가 이리도 예쁠까' 머리도 까맣고 못생긴 것이 눈동자는 왜 이리. '반짝이누' 하면서 예쁜 것만 골라 칭찬하던 오빠들. 지금도 북적대며 사랑받고 살고 싶은데 고령에 오빠 둘만 남고 모두 하늘나라로 옮겨 사는 오빠들. 하늘을 바라보면 하늘 문턱을 넘어오는 오빠들의 환영이 보이는 듯하다.

내 나이 칠십을 훌쩍 넘겼으니…

위안이라는 것

사물의 어느 것 하나도 아름다움이 없는 것은 없다.

먼저 들에 핀 꽃을 보자. 그 누가 봐주지도 않지만, 다소곳이 제 몫을 다한다. 아름다움을 가지고 예쁜 색으로 단장을 하고 있다는 것은 자기만의 만족으로 위안을 삼고 있다는 것을 의미하는 것이라고 생각한다. 향기롭고 사람들의 시선을 끌어들여 기쁨을 주고 위로의 말을 얻고자 하는 것도 아니지만 서도 날이 가고 해가 바뀌어도 그 자리에서 항상 제철이 되면 봄을 전해주고 자기 본연의 자세로 꽃을 피운다.

날아가는 철새들도 마찬가지다. 하늘을 나는 그들의 질서 정연한 모습을 본다. 흐트러짐 없이 질서 있게 철을 따라 옮겨 다니면서도 그들만의 먹이를 찾고 끼룩끼룩 우는 위로의 울음에서 정과 단결심과 삶에 애착 같은 것을 느낀다. 그런 철새를 보며 감추어진 내 모든 것들을 내려놓고 위로받을 생각을 한다.

뛰어다니는 강아지가 요즘은 드물지만 가끔씩 만나면 낯선

기색도 없이 꼬리를 흔든다.

이런저런 모습들이 사랑스럽고 귀엽고 예쁘다. 닫혀있는 마음속이 나를 바꾼다. 모든 사물들이 감동을 준다. 사랑을 주기에 겨우내 춥고 꽉 닫혀 있는 창문을 활짝 열어 재끼고 따스한 햇살을 바라보면 기지개를 켜본다. 내 마음의 모든 무거운 짐들을 내려놓고 힘껏 활개를 쳐본다.

뻐근한 근육이 우지직 소리를 낸다. 허리도 돌려본다. 한결 부드러워진다. 제자리에서 뛰어도 본다. 한껏 가벼워짐을 느낀다. 하늘에 계신 아버지께 감사의 기도가 절로 나온다.

부족한 것 너무 많아 버릴게 많고 쓸모없지만 삶에 가치를 느끼며 주님 가르침에 순종하며 어긋나지 않는 삶을 영위할 수 있게 해주심에 오늘도 감사한다. 감사꺼리가 많은 나로 저를 인도 하소서. 오늘을 주셔서 감사합니다. 내일을 위해 몸도 맘도 튼튼하게 해주시고 하늘에 기쁨을 누릴 수 있게 영광을 돌리는 찬양을 합니다.

기쁜 노래가 저절로 나온다.

완행열차

완행열차 안은 시끌벅적했다. 비 맞은 장 속 같다. 상이용사들이 상품을 강매 중이다. 겁에 질려 사지 않고는 못 버티는 정황이었다. 행여 손 갈퀴로 찍어낼까 무섭다. 좁은 열차 안은 시장판이었다. '오징어나 땅코옹, 찹쌀떠억, 찐계라안, 김빠압, 콜라 사이다, 있어요.'외치는 소리와 아기 울음소리, 시골 아낙들의 수다 소리와 함께 김제에서 부산까지 그러니까 열두 시간을 넘게 달려야 하는 완행열차는 지루하기 그지없었다.

1960년대의 진풍경이다. 그나마 대전에서 한번 갈아타야 부산역에 도착한다. 잘못 타면 엉뚱하게 서울로 가게 된다.

산달을 예상 못 했는지 젊은 여인의 신음소리에 열차 안은 순식간에 산부인과로 변했다. 치마와 보자기를 칸막이로 세워 임시 분만실이 설치되었다. 긴장 속에 다행히도 사내아이의 울음소리가 열차 안을 가득 메운다. 축하의 박수 소리가 요란하다. 경사였다. 승무원이 재빠르게 모자를 들고 다녔다. 모금한 돈이 수북하다. 열차 안에서 출산하면 경사스러운 일이 일어난다 한다. 모금한 돈으로 출산 축하를 할 모양이다.

나는 옆에서 아주 신기하게 이 광경을 처음부터 끝까지 지켰다. 출산을 돕는 내 모습이 칭찬을 들을만했을 것이다. 신속하게 도왔다. 신기하기도 하고 그렇다고 두렵지도 않았다. 태를 묶어야 하는데 실이 없었다. 문득 내 비상용이 생각이 났다. 나는 늘 습관처럼 실과 바늘, 상비약을 가지고 다닌다. 내 습관이 이처럼 쓸모 있을 줄은 미처 몰랐다.

실로 태를 묶어주고 객석에서 수집한 수건, 신문지, 보자기, 등으로 뒤처리를 마쳤다. 떨고 있던 아기가 따뜻한 엄마의 품에 안겼다. 산모는 예상치 못한 일을 평생 잊지 못할 것이다. 두려움과 고통의 시간이 여러 사람의 손길과 도움으로 무사하게 지나갔다. 산모는 몇 번이나 고개를 숙여 감사한다. 눈시울을 붉힌다. 산모는 내 손목을 꼭 잡았다

"아가씨 고마워요"

"몸조리 잘하세요."

나는 내가 마치 어른이 된 것처럼 흐뭇했다. 승무원의 도움으로 떨고 있던 아기와 산모는 따뜻하게 포대기와 미역을 안고 다음 역에서 사랑하는 가족의 품으로 돌아갔다.

나는 그 무렵 간호사를 꿈꾸었다. 그 꿈이 열차 안에서 첫 솜씨를 발휘하다니 소중한 경험이었다. 마치 내가 산파가 된 기분으로 12시간의 긴 완행열차는 지루할 겨를이 없었다. 해는 지고 어둑해졌다. 종점인 마지막 부산진역은 시끌벅적 장속 같았다.

월명공원의 향기

푸른 숲 사이로 봄 햇살이 화창하다. 벚꽃의 향연 속에 꽃의 맛, 봄의 맛, 을 느끼는 날이다. 글을 쓰며 아름답게 살아가는 우리 봉황의 문학도를 알아주듯 벚꽃이 만발하다. 군산의 월명공원은 꽃도 따가고 물도 따가고 바람도 따다가 가득히 가방에 넣고 싶은 신선함을 안겨주었다. 정말 거짓말처럼 한꺼번에 밀려오는 봄을 마중해 온다.

바람이 우리를 흔들어놓는다. 꽃눈을 내려 주어 더욱 아름다움을 뽐낸다. 아픈 허리 다리가 아쉬움의 수변공원을 빙 눈으로만 돌아본다. 그것만으로도 내 맘속의 수첩에는 오늘이 꽉 들어차겠다.

꽃이 기다려 주지 않아도, 봄이 기다려 주지 않아도, 저절로 반기는 봄이다. 꿈이어도 좋고 꿈이 아니어도 좋다. 그저 예쁜 꽃이 되고 싶다.

나는 늘그막에 호사하는 봄날의 행복이 화사하게 온몸에 번지는 것을 느꼈다. 잠에서 깨어나면 봉황의 문에서 기다려 주는 문우들이 눈길이 나를 감싸주어 더욱 즐겁다. 늘 다음 주의 강의 시간이 기다려진다. 기다림은 기쁨을 배로 증가시키나 보다. 오늘은 행복한 즐거움이고 내일은 희망의 기쁨이 배로 증가된다.

월명공원, 은파호수를 뒤로하고 이성당 빵집을 찾았다. 군산의 명물 투어 코스다. 맛난 빵 맛이 전국의 빵 맛을 재배한다고 한다. 한 회원은 지갑을 잃었다 찾았다. 고운 맘씨 덕으로 되찾았을 생각이 든다.

고운 맘씨가 은파 유원지에 활짝 펴졌다. 은파유원지의 수변공원으로 벚꽃을 따라 번지는 콧노래. 봄의 아지랑이와 함께 훨훨 날고 싶은 하루다. 오늘 살아있음이 바로 이 시간 이후에도 있기를 바라고 또 소망해 본다.

월명공원의 향기는 영원할 것이다. 그리고 나의 기억 속에 먼 훗날에도 봉황 문학회원들의 사랑이 풍기는 향기를 잊지 않을 것이다.

주머니 속 안주

오랜만에 장터를 나섰다. 농사철이 한창이라서 뜸했던 장날이다. 이곳저곳 기웃거리다 막걸리 집을 지났다.

문득 아버지 생각이 난다. 장날이면 아버지는 거나하게 취해서 오셨다. 아버지는 집에 오면 대뜸 주머니에서 땅콩과 오징어 몇 조각을 내 손에 쥐여주었다. 안줏거리였다. 술을 즐겨하시는 아버지는 주막마다 들린다. 그 집이 내 집이고 그 집의 막걸리는 내 막걸리이다. 활량들의 기본이셨다. 가을이면 덕분에 좋아하는 주막들이다. 달구지에 가득 싫은 쌀이 들어오기 때문이다. 돈 쓰기를 좋아하는 분, 아버지!

그래도 집에 들어오실 때는 생선도 제일 크고 맛있는 것으로, 고기는 듬뿍 사 들고 오신다. 술을 마시면 기분도 좋아지고 모든 사물들이 내 것인 양 보이는 듯하다.

많은 식솔들을 건사하시느라 동분서주하시지만 일은 싫어하신다. 막내인 나를 많이 사랑했다. 형제자매들은 크게 샘이 나지 않았을까 하는 생각이 든다. 그래도 항상 막내니까 그러려니 했을 것이다. 잠이 든 아버지의 주머니를 뒤지면 으레 안줏거리가 있었다. 나 혼자 오징어 다리를 씹는 맛은 일품이었다.

그 대신 막걸리 심부름이 싫었지만 먹을 것이 생겨 막걸리 주전자 심부름을 잘했던 기억이 새롭다.

나는 가던 길을 멈추고 가웃이 장터 귀퉁이 막걸리 집을 들여다보았다. 술청은 텅 비어 있고 밝은 햇빛만 가득하다.

아버지의 그 먼 날이 떠오른다. 아버지는 하늘나라에서 지금도 나를 지켜보고 계실 것이다.

제비

"똥 싼다. 제비 똥 싼다." 아이들은 좋아하며 제비 새끼 똥 싸는 것도 귀엽다고 신기해한다. 손뼉을 치며 소리를 지른다. 푸드득 거리는 날개짓이 사랑스럽다.

반갑고도 고마운 제비 새끼 다섯 마리가 교회 처마에 모였다. 어미가 계속 보살펴 튼튼하게 잘도 커 간다. 제법 되돌아 보기도 하고 입을 크게 벌리며 날개를 편다. 일요일은 제비 보는 재미가 넘친다. 온 성도들이 고개를 쳐들고 처마 밑을 바라본다. 햇볕과 무더운 날씨를 피해 시원하고 안전한 처마 밑에 둥지를 튼 제비가 우리 교회 의 길조라며 모두 입을 모은다.

요즈음에는 제비 보기가 쉽지 않다. 아예 집도 짓지 않는다.

날씬한 날개로 하늘을 비상하는 모습이 아름답다. 훨훨 맘껏 나는 날갯짓이 깔끔하다. 멋쟁이를 물 찬 제비 같다고 했던가. 제비는 우리를 해롭게 하지 않고 기쁘게 해주니 항상 반갑고 고맙다.

제비 집 지을 때는 집집마다 전깃줄에 나란히 앉아 지지배

배 지저귀는 소리에 새벽잠을 깨기도 했다. 진흙을 물어와 처마 밑이 지저분해서 내쫓아도 계속 집을 짓던 제비, 이겨낼 수 없어 널빤지를 받혀주기도 하고 신문지를 깔아 주었던 기억이 새롭다. 금세 재잘대며 집이 완성되면 알을 품고 15일쯤 되어 새끼가 보이고 계속 먹이를 주는 모습이 정겨웠다. 추석 무렵이면 제비들은 강남으로 돌아갔다. 3월 3짓날에 날아왔다가 겨울은 따뜻한 강남에서 나는 철새이다.

날개를 펴고 빙빙 돌며 빨리 나는 제비, 높이 날다가 땅 위를 스치듯이 탁 치고 올라갔다가 내려왔다가 반복하면서 동그라미를 그리는 비상은 곡예사를 능가한다. 아마 곡예사가 제비를 보고 기교를 익힌 것이 아닌가 싶다.

알 3개 내지 5개를 13일 ~18일 동안 품고 부화한 지 20일 ~25일이면 둥지를 떠난다.

윤기 있는 푸른빛을 띤 검은색, 갈라져 있는 꽁지와 발달한 날개가 빨리 날도록 진화된 것 같다. 계속 날아다니다 또다시 돌아왔으면 좋겠다.

제비는 길조다. 오늘도 교회에 가면 제비 둥지를 먼저 살펴본다. 얼마나 컸을까, 잘 커서 강남으로 돌아가기를 빈다. 너희들 다섯 형제를 내년에 다시 만나고 싶다.

제주 나들이

메르스가 온 나라를 들썩인다. 나는 불안과 공포로 몰아넣는 메르스 여파로 여행을 머뭇거리었다. 일정대로 그래도 부푼 가슴 안고 마스크를 착용하고 나섰다. 김제문협 문학기행이란 거창한 타이틀을 안고 제주에 도착했다. 잠시 숨을 고르는 사이 섬의 풍경이 시야에 들어온다.

자연은 시인을 만들고 시인은 마음 밭을 만든다고 누가 말했던 것 같다. 시선이 머무는 곳마다 바람. 꽃. 풀. 바다의 싱그러움이 온몸을 감싼다. 청정지역의 제주에 마스크가 무색하여 벗어 버렸다. 느릿하게 가까운 바닷냄새가 바람결에 코끝을 스친다. 몇 번을 와도 아름답다. 우리나라의 관광 일 순위인 것이 틀림이 없다.

허다한 이름 모를 들꽃의 채취가 영혼의 찌꺼기를 태운다. 자유와의 여유가 나를 감싼다.

첫날은 차귀도로 탐방하였다. 들꽃이 지천에 깔렸다. 잡초 속에 새콤달콤한 산딸기가 침샘을 자극한다. 헐떡거리며 오르내릴 때 쉼 없이 흐르는 땀을 바닷바람이 식혀준다. 특히 산딸기 맛은 청량제 역할을 톡톡히 해준다. 가볍게 콧노래도 부르면서 문우들 일곱 명과 내게는 친구인 현도스님의 금용사에 숙박을 정했다.

아늑하고 포근한 산사의 정취도 절밥도 맛깔스럽다. 고요 속에 묻혀 불도의 세계를 알아보는 시간도 유익했다. 친구 현도스님 덕택에 주방보살이 정성을 다하는 것 같다. 지난 가족 여행 때 환대해 준 보답으로 옷 한 벌을 선물했더니 기뻐서 어쩔 줄을 모른다. 우리 가족 일행을 기다리며 저녁 늦게까지 졸고 있는 모습을 생각하면 고맙기 짝이 없다. 옷 한 벌로 어찌 그 고마움을 다 표현할 수 있으랴.

연로한 현도스님 뒤이어 젊은 여일스님이 주지로 대를 이어간다니 처음 시작한 템플스테이가 발전하는 기미가 보인다.

이튿날 마라도의 날씨는 우리를 환영한다. 문우들의 행운인 것 같다. 남쪽 끝 최첨단 마라도의 인구 70여 명인 작은 섬이지만 공기 좋고 공해 없는 불편 없이 살기 좋은 작은 섬이다. 단 우체국만 없다고 한다. 단 한 명의 학생을 위해 분교인 가파 초등학교에는 교장 이하 교직원이 더 많다는 사실. 가르침을 위해 한 명이라도 보살피는 교육열에 나라의 미래가 보였다.

바람도 환영해주듯 파도도 환영해주듯 행운의 마라도를 뒤로하고 에코랜드의 숲 속과 놀이 시설 속에 들어섰다. 동화에서 나오는 주인공처럼 우리 일곱 명의 문우들은 마냥 즐거웠다.

숙소에 돌아와 밤의 적막함보다도 시의 세계를 펼치는 밤은 짧기만 했다. 주고받는 대화 속에서 나이가 들어 문우들과 함께 시를 알아 가는데 큰 보탬이 된 것 같다.

셋째 날은 안개 자욱한 성산 일출봉에 올랐다. 산상의 운치와 풍광을 담아 오는 길이 상쾌하고도 멋지다. 내려오는 길목에서 네 잎 크로바를 발견했다. 네 잎에 담긴 행운을 가득안고 해안도로를 굽이굽이 감돌았다. 한라산은 눈요기만 했다. 바닷가에 서서 옥빛 바다를 바라보며 찻잔을 비우는 여유를 언제 또 누릴 수 있을까.

옥빛 바다에 누워 구름 밭을 거닐고 있노라니 목전에 이익만을 위해 정신을 팔아온 삶이 아득히 멀기만 하다. 이박 삼일의 여행은 메르스의 공포도 잊게 했다. 돌아오는 발걸음이 너무 가볍기만 하다. 좋은 글로 차근차근 엮을 수 있을 것 같다.

여성시대

오늘도 나는 복지시설이 잘되어 있는 우리나라에 살고 있는 것을 참으로 자랑스럽게 여기고 있다. 젊고 늙음 구분 없이 도시에나 농촌에서 어디서나 볼 수 있는 복지관을 찾는 자들로 북적댄다. 지방자치제로 동사무실에도 어디서나 문화센터를 이용하여 건강을 찾고 젊음을 유지하기 위해 앉은 자 선자 모두가 밖으로 나오고 있다.

언제 살림은 하고 저렇게 밖으로만 나돌까 하는 우려 깊은 남정 내들의 빈정대는 소리를 귓전에 듣는 것도 이제는 이골이 나 있고 못 하고 못 배우는 게 바보 취급받을 만큼 여성시대의 태세 속에서 여성회관 복지관에서는 갖가지 배울 것도 많은 문화생활을 즐기는 자들의 움직임이 짜임새 있게 움직이고 있다. 노래. 생활체조. 요가. 는 기본이고 이외에도 시간에 맞추어 배울게 너무 많다.

우리 사회생활이 이처럼 풍요했는가 급성장해 여성천국 소리를 들을 만큼 교실마다 가득하다. 우리의 생활상이 언제부터

인지도 모를 우리 사회풍속이 가무를 아니면 놀이문화로 돌변할까 우려도 적지 아니 하고 있는 것을 보면 여성으로서도 약간은 서두르지 말아야 할 것 같아 남성들 앞에 미안한맘이 들곤 한다. 하지만

배우고자 하는 것은 어디까지나 좋은 징조이다. 급성장한 우리나라의 복지시설이 이렇게 잘 되어있는 때에 취미생활이 성장하여 사회에 이바지하여 큰 역할을 하는 것은 아주 좋은 현상이라고 볼 수 있다. 자기 개발도 하고 집안에만 박혀있던 조선시대가 아닌 현시대는 정말 여성시대인 만큼 일어나 깨어나야 된다고 본다.

배우고 익혀 가치 있는 생활상을 발전해서 자기개발로 큰 기여를 하는 것은 높이 평가를 받고 있는 현 시대다. 누구나 배우면 할 수 있다는 자신감을 가지고 나이 들어 여든이 넘은 사람들도 별별 재주로 많은 사람의 찬사를 들을 수 있어 부러움의 시선으로 선망의 대상이 되기도 하는 여성시대에 집에서는 살림 잘하는 안주인 남편 내조 잘하고 아이 잘 키우는 아내 엄마의 역할로도 손색없이 일인삼역을 문제없이 척척 해나가는 여성들이다.

나가서는 사회를 빛내고 배움의 터전에서 부지런함을 보여주어 여러모로 보기에도 추하지 않아 좋아 보인다. 우리는 일어나 뛰어야 한다. 건강을 찾아야 한다. 젊음을 찾아야 한다. 일어나 뛰어보자. 대한의 생동감 넘치는 여성들에게 응원의 박수를 보낸다.

3부

삶과 죽음 사이

어른 노릇

늦은 밤 전화벨이 울린다. 막 잠이 들려는 찰나였다.

"저 고모? "응 그래" "잘 계셨어요? 건강은요?"

여러 가지 안부를 묻고 다음 토요일 날 아들 결혼식이 있다는 전갈이다. 고모 건강이 좋지 않으면 안 오셔도 되지만 그냥 전하는 거니 부담은 갖지 말아 달라며 전화를 끊었다. 서울에 있는 가족 친지 모두를 자주 보고 싶다. 오랜만에 걸려온 전화라서 아니 갈 수 없는 상황이다.

올해처럼 춥고 눈이 많이 와 미끄럽고 불편함이 한두 가지가 아니지만 한편으론 아내 잃고 두 남매를 혼자 키워 결혼까지 시키는 조카가 대견스럽다. 안쓰럽고 측은하기도 한 조카라서 남다르다.

우리 집안은 자손이 많다. 6형제 중 둘째인 아버지가 7남매를 낳고 7남매 중 그 자손이 38명이니 엄청난 다산의 가족임이 분명하다. 그중 큰 오빠의 둘째 아들의 아들 결혼식이다. 그러니까 막내딸인 나에게는 손자다. 조카들과 같이 컸기 때문에 아주 가깝다.

가까이에 있는 약국 조카도 '주말이라서 쉴 수가 없어 못 가겠다' 고 한다. 넷째 오빠는 연로하다. 허리 수술을 몇 번 겪더니 '힘들다' 고 했다. 그런데도 오빠는 용기를 내었다. '형제들 중 너와 나만 어른 된 입장이니 참석을 해야만 될 것 같다고 한다.

어려운 발걸음을 디뎠다. 넷째 오빠딸 조카딸이 마중을 나왔다. '올케는 다리가 좋지 않아 못 간다'며 맛있는 음식을 많이 싸주었다. 이것저것 성의를 담뿍 실어 보낸 솜씨가 한두 번 치른 것 같지 않다.

조카는 우리를 반갑게 맞아주었다. 오빠의 딸 조카의 깔끔한 성격과 차분함이 묻어나는 살림 솜씨가 넉넉하게 짐작된다. 반듯한 직장, 가정, 남편, 아이들 뒷바라지에 힘이 들 터인데도 무난히 잘 해결하는 모양이다. 그 부지런함이 훤히 보인다.

식장에는 반가운 모습들이 많이 모였다. 구십의 셋째 오빠는 지팡이를 짚었어도 겉모습은 젊어 보인다. 조카들은 부쩍 어른이 되어 나와 같은 또래로 보였다.

예식을 마치고 폐백을 받았다. 나의 젊은 시절이 떠오른다. 그땐 원삼 족두리 차림으로 결혼식을 올렸지만 나는 예식장에서 면사포를 쓰고 택시를 이용했다. 부러움과 선망으로 막내의 부를 갖춘 현대식 결혼을 치렀다. 폐백을 받은 나는 젊은 부부에게 덕담을 해야 한다. 어른 된 입장에서 무어라 덕담을 할까? 형제가 많았지만, 현재는 삼 남매만 남았다. 어른의 위치를 지켜야 한다.

부모를 공경하고 형제간에 우애하며 부부간에 서로 사랑하고 존중하라고 했다. 흔히 쓰는 덕담에 한 가지를 더 했다. '건강해야 많은 것을 이루어지는 것이니 내 몸은 내가 잘 지켜 건강을 유지 하라' 는 말로 마무리를 했다.

많은 조카들에게 둘러싸여 전화번호를 서로 주고받았다. 지금은 카톡을 이용하여 편리하게 연락할 수 있다. 좋은 시절이다. 카톡을 하는 나를 보고 '고모는 젊은 세대' 라고 아우성이다. 듣기가 그리 싫진 안 했다. 겉으론 젊게 살려고 노력하지만 몸과 맘은 따로 노는 걸 어찌하랴.

예식이 끝나고 얼마 전 요양원에 계신 큰 올케를 방문하였다. 서울에서 멀리 떨어진 요양원이었다. 한참 만에 도착했다. 누워있는 올케에게 일일이 소개를 하니 옛 기억이 뚜렷하단다.

"그래 내가 시집가니 기어 다니면서 치맛자락도 못 만지게 하고…"

어렸을 적엔 심부름도 잘하는 '아주 착한 시누이었다.' 고 기억을 한다. 오빠에게는 '지금도 멋쟁이다' 고 하면서 '멋쟁이 시 아주버님도 늙었다' 고했다. 이렇게 기억력이 생생한 올케는 목소리가 지금도 카랑카랑하다. 성깔 있고 아주 예쁜 얼굴이다.

한참 이야기를 하던 올케가 '어디서 오셨나?' 하고 빤히 나를 쳐다본다. 깜빡하는 사이에 과거와 현재를 넘나들었나 보다. 나는 울컥했다.

세월이 무심하다. 뽀얗게 예뻤고 깔끔했던 분이 늙고 병들어 정신이 혼미하다니 요양생활을 하는 모습이 너무 가슴이 아팠다. 어쩔 수 없는 현실이다. 나는 숙연해 질 수밖에 없었다. 돌아오는 길에 오빠는 자꾸만 '남의 일이 아니다' 라고 말한다.

차를 타고 집으로 오면서도 '치매는 없어야지 치매는 없어야지.' 하고 몇 번이나 뇌었다. 나는 우리 집안의 대표가 아닌가? 나이 들면 대소사를 모두 참석하기는 어려울 것이다.

참 어른 노릇하기가 힘들다. 그래도 먼 훗날 "고모는 아직도 젊게 사네" 하고 기억해줄 조카들을 생각하면 행복하다.

2013. 1. 26 조카 백용이 아들 결혼식에

어머니 생각

햇볕에 그을리다 못해 허리 등이 구릿빛으로 변해버린 어머니시다. 김매고 돌아와 물 한 바가지 벌컥벌컥 마시고 등목을 하신다. 빳빳하게 풀 먹인 삼베 적삼이 고실고실 하다시며 평상에 눕자 스르르 잠이 들었다. 한소끔 주무시나 했더니 이내 깨어 풋 호박 따다 부침개 부치고 찐 감자와 시원한 우물물 한 주전자를 챙겼다. 오후의 새참거리에 흡족해하신다.

어머니를 따라나서는 나를 말린다. 뜨거우니 너는 어서 가서 숙제도 하고 열심히 공부해서 촌 생활에 고생하지 말라는 당부였다. 당신은 고생해도 되고 자식은 고생하지 말아야 된다는 말인가? 자신은 돌보지 않고 자식 걱정뿐이신 어머니시다.

허약해서 배앓이를 많이 한 나를 항상 배를 쓸어주며 "울 애기 배는 똥배" "내 손은 약손" 하면서 계속 배를 쓸어주신 정성 어린 온기에 잠이 든다. 아님 덩치 큰 나를 업고 계속 흥얼흥얼 콧노래를 부르며 아픔을 같이하고 달래주었던 어머니! 소풍 가서 낭떠러지로 떨어져 고생했을 때도 우물가에서 넘어져 이가 부러질 때도 수고만 끼쳐드리고 상심을 안겨준 것이 너무도 미안하고 죄송하여 불효도 그런 큰 불효는 없는 것 같습니다.

어느 땐 거짓말로 배 아프다고 하면 그냥 업어준다. 업히고 싶어서 하는 말인데…땀에 배인 등은 포근하여 아늑하고 고소하며 달콤하다. 나이 들어서도 건강치 못해 항상 병을 달고 사는 나는 노산의 막내로 태어나서 그러지 않나 싶다. 그래서 다시기가 있어 젊어서 건강할 때 애기도 길러야 할 것 같다.

그 크신 사랑을 알까 무한한 사랑 거저 주는 정성과 받으려고도 하지 않는 큰 하나님과 같은 자비로운 어머니 한시도 그 사랑을 잊지 못하고 있습니다. 누구나 어머니의 애틋하고 사랑이 깊은 것을 압니다.

나에게도 그런 못지않은 저 높은 사랑이 있었답니다.

고맙고 감사하신 어머니!

간절함도 정성 어림도 외면한 채 상심과 걱정거리가 되었고 말 한마디 못 하고 운명을 하실 때 부둥켜안고 울부짖었지만 다 소용이 없었다. 생각하면 너무도 안타까운 일이다. 단 한번이라도 건강하고 좋은 모습 보여드리고 싶었는데 정말 죄송하고 미안하고 후회 막심한 일이다.

지금 난 어머니의 말씀 따라 열심히 공부를 했지만 시골의 생활을 유지하고 있는 나다.

오직 우리 칠 남매만을 위해 불철주야 새벽부터 농사일과 저녁 늦게까지 길쌈으로 밤을 새니 잠은 언제 주무셨을까 어머니는 먼동이 트기도 전에 내 새벽잠을 깨운다. “학교 늦겠다.”

이 십리 길을 서둘러야 지각을 면할 수 있다. 어머니는 도시락까지 벌써 준비를 하셨다. 부지런하기 일등이고 검소하기 일등이신 어머니시다. 음식. 바느질 솜씨 이등 가라면 서운했을 완벽하신 어머니! 나는 지금 나이 들어 철든 모습 못 보여 드려 죄송하기 그지없습니다.

자식 키워 훌륭한 모습 못 보여 드린 것도 죄송하고. 멋진 옷. 맛있는 음식. 제대로 챙겨 드리지 못해 죄송하다. 불우한 이웃 섬기시고 싫은 소리 잘 못 하신 어머니! 언젠가는 이 철부지 막내딸도 곁에 다시 누우러 가겠습니다. 그때까지 편한 하시기를 두 손 모아 기도드립니다.

빠가탕

무더운 여름날이다. 남들처럼 콧바람도 쐬고 시원한 계곡에서 발도 담가보고 물장구도 치고 싶었다. 고산 대야계곡에는 사람과 차가 분빈다.

배를 채우려면 길게 줄을 서서 오래 기다려야 한다. 겨우 테이블 하나를 붙들어도 한참을 또 기다려야 한다. 어제 소나기가 지나간 난 후 시원한 느낌이지만 햇살은 아직도 따갑다. 식사가 나오기를 기다리는 동안 물장구치는 아이들의 구경에 빠져있는데 앞 테이블에는 연신 청양고추를 손으로 뚝뚝 잘라 넣고 된장 풀고 계속 숟가락으로 간을 본다. 드디어 우리 식탁에 얼큰한 빠가탕이 올라왔다. 숟가락을 입에 넣는 순간 미간이 찌푸려진다.

이래서 청양고추를 마구 넣었구나. 시큼하다. 첨 만난 맛이다. 앞 테이블의 아주머니는 눈치를 채고서 우리에게 청양고추와 된장을 넣어준다. 맛은 좀 나아진 셈이다.

옆자리는 하루의 기분과 생각을 좌우한다. 친절하게 양념 넣어준 아주머니가 고맙다. 준비해온 열무김치. 엇가리 김치까지 덜어준다.

준비성도 좋다. 고맙게도 그나마 허기진 점심은 해결했지만 비싼 값에 비해 남긴 것이 아깝다. 반도 못 먹고 자리를 떴다. 아마 남은 신 김치를 넣은 것이 맛을 망친 셈이다. 한때 여름 장사로 일 년을 산다지만 너무 지나치다. 조금만 신경을 쓰면 장사는 대박이 날 것 같은데…

서둘러 차량 행렬을 빠져나와 영화관으로 갔다. 사위와 딸은 <베테랑>을 손녀와 나는 <암살>을 며칠 전 나는 베테랑을 보았기에 암살영화를 재미있게 보았다. 독립군들이 목숨을 걸고 나라를 지키는 모습으로 그려지고 재벌들은 자기만을 생각하고 횡포와 밀수 행각을 편다. 하수인들의 고초는 몰라주고 날뛰는 모습이다. 부녀간에도 오로지 독립군의 사명과 원수지간이 된다. 총성이 오가는 짜릿하면서도 통쾌한 장면은 더위를 몽땅 몰아내는 듯했다.

어제의 삼겹살 파티에 살이 찌는 듯했는데 오늘은 휴일을 핑계로 먹방인 손녀 덕에 고구마. 쫄면. 만두. 닭튀김. 복숭아. 포도 등 다양한 음식으로 입이 호강을 했다. 위는 부담을 안고 힘들어했지만 손녀는 명언을 남긴다.

"먹고 싶은 것은 먹어야 합니다.

먹으려고 돈을 버는 것입니다."

웃고 즐기는 동안 손녀는 다이어트 할 운동 시간을 또 놓쳐버렸다.

그래도 즐겁게 웃는다. 맛난 것을 포식하고 나니 점심의 맛없던 기억도 사라져 버렸다.

여름 물놀이는 즐거운 선물이다. 무더위가 29도로 내려갔다. 어제가 입추였다. 더위가 한풀 꺾인 듯 오늘 밤은 유난히도 시원하다.

2015.08. 09 제일 맛없는 빠가탕

삶과 죽음 사이

병원은 새벽부터 저녁까지 부산했다. 한 생명을 구원하려는 바쁜 호흡들이 쉴 새 없이 헐떡이고 있다. 생명을 위해 분주히 움직이는 의사들의 냉정과 열정 그리고 신속함을 바라본다.

화려한 그런 오복 중의 하나를 마다하고 저 세상으로 떠나는 이별을 무심히 본 오늘도 저 뒤쪽의 장례식장은 북적거린다. 여전히 병원은 환자들도 의사도 간호사도 보호자도 많다.

병고에 시달리다 찾은 곳은 병원이다. 아프면 저절로 발걸음이 옮겨지는 곳이다. 사람은 살기 위해 먹어야 되고 먹어야 살아간다. 어떻게 살아가는가. 노력의 댓가도 없이 무너져 버릴 때, 그 아픔 앞에 목 놓아 허우적거리는 이웃을 본다. 멋진 인생의 호흡설계를 해 왔음에도 불구하고 병마에 시달린다면 부귀도 영화도 모든 무지갯빛 설계도 와르르 무너지고 말 것이다. 건강하다면 무슨 짓을 못하겠는가. 큰소리 뻥뻥 치며 당당하던 사람이 어느 날 문득 병고가 찾아와 시달리다가 죽음의 기로에 섰을 때 얼마나 처참할까. 그 슬픔이란 말 할 수 없을 것이다.

죽음이란 떠나는 것이다. 죽음이라는 녀석은 외로움과 갖가지 고난을 겪어야 하는 맘을 알고나 있을까. 시간은 자꾸만 계절 따라 바뀐다. 언제부턴가 죽음이란 두 글자가 눈앞에 아른거린다. 갑자기 열이 나고 오환도 나고 기침, 가래가 고통스럽다. 힘없이 무너지는 일상들을 무엇으로 대처할 수가 있겠는가. 부모 형제 친구들도 모두 다 이렇게 맥없이 모진 죽음을 당했다.

똑똑하고 재주 많고 화술이 좋아 부러움을 한 몸에 담았던 화려한 울 언니도 병고를 이기지 못하고 생을 마감했다. 나는 절대로 언니가 죽을 것이라고는 아예 생각을 못했었다. 부러움을 다 얻고도 마음대로 못 하는 것이 죽음이다.

억울하고 얼마나 분통이 터졌을까. 이제는 마음 추스려 언니 그의 죽음을 내려놓아야겠다. 시간이 낡아 갈수록 이별은 슬픔만 얹어 준다. 닥쳐올 운명을 그 누가 알겠는가. 생과 사의 깊은 너울 속에서 허우적거리는 것이 한평생이다. 빠져나올 힘을 길러야 하는데 기력이 모두 소모되어 허둥대고 있다.

입춘도 지났는데 겨울은 멈출 줄을 모른다. 영하권에서 바람까지 세차다. 마음마저 얼어붙을 것 같다. 그래도 희망과 행복을 앞세워 우리는 살아 숨을 쉬며 무던히도 뛰며 달리는지도 모른다.

영세자로부터 고위층에 이르기까지 죽음의 굴레에서 벗어날 수가 없다. 하나님의 권능으로 기적을 이룬다면 모를까.

나는 진료를 기다리는 동안 삶과 죽음을 다시 새겼다. 어떻게 하면 곱고 멋있게 아름답게 생을 마감할까. 오만 생각이 다 출동을 한다. 분주한 병원 구석구석의 표정들은 걱정과 불안과 기대감이 엇갈려 먼지처럼 휘날리고 있다.

내 이름을 부르는 소리에 화들짝 일어섰다. 대열에 끼었다. 가슴 시린 장면 장면들이 숨을 막히게 한다. 슬피 흐느끼는 자, 막막한 세상을 어떻게 살아갈까 하는 절망의 자세, 행여 좋은 희망의 실오라기가 있지나 않을까 하는 기대감이 뒤섞인다.

진료실 앞, 그 와중에도 내 기침은 주위 사람들에게 쉴 틈 없이 민폐를 끼친다. 밖에 나와 심호흡을 하는 데 찬바람이 방해를 한다. 외투를 꼭 여민다. 이 추위를 이겨야 한다.

내 생명을 오로지 하나님의 능력에 맡기며 의사 앞에 앉으며 간절한 기도를 해본다. X레이를 찍고 링거주사를 맞았다. 다행히도 기관지염 약봉지를 들고나오는 내 모습이 살아 숨쉬는 것을 느꼈다. 아무런 장애 없이 보고 듣고 걷고 느끼는데 불편 없다는 것이 얼마나 행복한 일인가. 흡족하다. 오늘의 소중한 생이 오늘의 소중한 행복을 뼈저리게 실감한다. 건강하게 살기를 다짐해 본다. 아프지 말자. 삶과 죽음의 기로에서 이겨야 한다.

이렇게 의술이 좋은 세상에서 죽음의 이별 슬픔 눈물 외로움이 웬 말인가.

내가 만일 죽음에서 다시 깨어난다면, 어둠에서 벗어난다면 어디서 오락가락하는 것도 아닌데, 보랏빛 생동감은 흔적을 감추고 이슬처럼 반짝이는 순간이 크나큰 파장을 불러올 것이다. 시간과 공간을 너머서 삶의 가치를, 죽음의 벽을, 젊음과 늙음의 차이점을 논하지 말라고 나는 말할 것이다.

살아있는 동안 흡족함과 만족함을 느낄 일이다. 빠알간 노을이 비추일 때 분홍빛 사랑 이야기가 아닐지라도 회색빛 그늘진 어둠 속에서도 찬란한 가로등처럼 환한 빛을 드리우는 내실 있는 삶을 추구하고 싶다.

스마트폰의 위력

오늘도 "활기찬 하루로 웃어보세요". 하는 카톡이 온다.

어김없이 좋은 글. 그림. 노래. 재미나는 유머. 사진. 까지 올려주고 심심찮게 놀잇감이 돼 버린 스마트폰이다. 나이 들어 어린애처럼 무슨 스마트폰이냐고 하지만 좋은 자료 정보를 받으면 다른 사람한테도 전해주고 서로서로 배우며 알고 산다는 것이 중요하다고 생각이 든다. 검색. 이메일. 뉴스. 날씨. 사진, 기록, 할 줄 몰라 다 못 하지 여러모로 다양하게 사용할 수 있어 아주 좋다. 난 이 속에 빠졌다고 볼 수 있다.

큰딸과의 매일매일 주고받는 새로운 정보를 알고 그것으로 나의 생활이 발전으로 나간다는 것이다. 지난번 카카오 스토리에 예쁜 꽃을 주고받으며 이것저것 갖가지 꽃들을 왔다 갔다 옮겨 놓은 것처럼 올리는 것을 보고 그 엄마에 그 딸이라 말들 한다. 꽃을 좋아해서 전하는 모습이 똑같다면서 우린 이토록 스마트폰과의 정보에 기쁨을 주어 이 어찌 고마움을 모르리. 선진국으로 내딛는 현대 속에서 한발 한발 앞서 가는 것이다.

지난번 휴대폰도 조카가 사주었는데 이번엔 더 기능도 좋고 새로운 것이 많은 스마트폰이 나왔다면서 설명서 하나 주며 '이모는 읽어보면 금방 할 수 있어요'. 하고 건네주었다. 읽어 보고 열어보고 하는 도중 아직도 서툴지만 평가받을만한 기능을 가져 새롭다. 큰 딸아이의 매일 주는 카톡도 고맙고 조카의 보살핌에 더욱 고맙다.

내가 몸이 아팠을 때는 병원에 데리고 다니면서 진료며 맛있는 음식이며 용돈까지 주는 조카가 있어 정말로 행복감에 젖는다. 아들 못지않게 나를 대하는 건 엄마 대신 이모라면서 그러는 거란다. 고맙고 감사하다는 말 끝이 없어 긴말을 내 어찌 밖으로 표현하리오만은 가정의 평화와 사업이 번창하기를 난 맘속으로만 항상 고마워하고 기도하며 빌 뿐이다.

스마트폰이 있어 빠른 정보 여러모로 다양한 볼거리가 있어 아주 좋다. 발전하는 기술 속에 흐름을 딸아이와의 왕래하는 것을 본 손녀 하는 말 '할머니와 엄마는 스마트폰을 가장 스마트하게 잘 쓰고 있다'고 말한다. 조카 덕분에 큰 딸아이의 정성에 매일 주고받는 스마트폰과의 새 정보화 시대를 앞서가는 카톡으로 이제는 없어서는 안 될 스마트폰이 나의 필수품이 되고 있다.

2011.10. 28 종필이가 스마트폰을 사줌

병간호

차창 밖을 멍하니 바라보고 무엇을 생각하고 있을까?

우측으로 장례식장이 보이는 건물 5층에는 매일같이 바라보는 현실이 내 시야를 어둡게 한다. 생과 사를 느끼면서

"오늘도 한사람 죽어가는구만 그냥 뛰어내릴까?"

혼잣말을 하며 한참을 바라본다. 여기서 그의 말을 어떻게 달랠 길 없고 헤아릴 수가 없다. 잠시라도 슬픔을 달래보려고 혼자말로 건네 본다.

"이리와 봐요. 안마해 드릴게요."

소리 없이 병실 침대에 눕는다. 어깨부터 목, 등, 다리, 발까지 주물러 주면 굉장히 좋아한다. 시원한지 스르르 잠이 들곤 한다. 맛사지가 최상의 서비스다. 생각 없이 편안하게 잠들 수 있는 방법을 어느 날부터 터득했다.

제법 안마가 하루의 필수과목이 되어 효과가 나는 것 같다. 들락날락 응급실부터 특실 6인실로 내려왔다. 그래도 말동무도 생기고 왁자지껄하니 좋다. 사람들의 움직임들을 볼 수 있

어 그나마 좋은가 보다. 시간마다 혈압체크, 주사 놓기, 링거 달아주는 간호사의 움직임 소리, 환자 이 송시 발생하는 바퀴 돌아가는 소리, 오열하는 소리, 정말 하룻밤 사이 여러 가지 사건들이 벌어지고 잠을 잘 수 없는 날이 허다하다. 듣기 싫고 보기 싫으면 이곳을 오지 않는 게 상책이다.

또 한 명이 세상을 떠났다. 지칠 대로 지친 병수발에 지레 죽을 것 같은 처지이지만 남편의 아내인 나는 한 가족의 어머니이다. 굳센 인내력으로 이겨낼 때까지 견뎌내야 한다. 여기서 무너지면 안 된다. 이 약 먹으면 좋아진대요." "이번만 치료받으면 퇴원한대요." "이번 검사는 아주 괜찮데요." "이번 수술은 정말 잘 됐어요." 나는 그의 곁에서 항상 "어르고 달래고 진정시킨다. 3년째다. 남편은 자기의 병명을 아직도 모른다. 아니 알면서도 모르는 척 하는지도 모른다. 하여튼 알리고 싶지 않다. 성급한 그의 성격을 감안하여 알리고 싶지 않다.

의사는 3개월밖에 수명이 남지 않았으니 '먹고 싶은 것, 하고 싶은 것, 다 해드리세요.' 한다. 편안히 집에서 간호하며 쉬라는 의사의 말을 어기고 나는 아직도 견디고 있다. 기적을 바라고 있는지도 모른다.

새벽부터 창문 열기, 운동하기, 성실하고 청결하고 부지런해서 병마에 시달릴 줄을 미처 모르고 살았다. 다만 술을 좋아해서 담배 술을 끊었으니 괜찮을 거라 믿었는데 자꾸만 쇠약해지지만 자신을 이겨내려고 안간힘을 쓰는 그의 의지에 어느 땐 말해버릴까? 하는 때도 있었다. "당신은 말기 암이랍니다." 하고 싶지만 망연자실할 것 같은 생각에 버티고 있는 것이다.

내가 왜? 이토록 건강을 챙기며 살아왔는데 어찌하여 이 무서운 병에 고통을 받고 있을까? 하는 그의 안타까운 표정에서 읽을 수가 있었다. 그래도 행여나 하고 기적을 바라보며 3년 동안 입원에 입원을 거듭했다. 수많은 검사를 채혈을 할 때는 한 시간을 실랑이를 할 때도 있다. 바늘 꽂을 자리도 찾을 수 없으며 피 한 방울이라도 아까운 형편이니 채혈하길 싫어 할 수밖에 없다. 간호사, 의사들의 어르고 달래는 시간 끌기는 큰 곤욕이었을 것이다. 건강이 일순위인 그가 긴 병마에 속수무책으로 무너지는 듯하여 서글프다. 전처럼 큰소리로 호통을 치고 그랬으면 좋겠다.

지난 35년간의 결혼 생활 속에서 아이 키우고, 학교 보내고, 결혼시키는데 수고한다. 고맙다. 미안하다는 말이 그리 어색했는지 들어본 적이 없는데 요즈음은 자주 듣고 있다. 느닷없이 손자가 보고 싶다느니 며느리에게 애기 잘 키우면 크게 될 인물이 될 거라'며 일일이 좋은 말만 골라 다독거려 준다. 환하게 웃는 모습이 좋기도 하지만 두렵다.

병들지 않고 건강하게 살다 간다면 주위 사람도 본인도 물론 고통 없이 백 세를 누릴 텐데… 사람이 변하면 빨리 죽는다는데 처음 듣는 순간 아무 말 못 하고 올 때가 왔나 보다 하며 못 들은 척 밖에 나가 하염없이 눈물만 훔쳐야 하는 내 자신이 너무나도 애처롭고 초라했다. 그토록 듣고 싶었던 말이 아니던가. 그까짓 미안하다. 고맙다. 수고했다. 사랑한다. 하는 말이 뭐가 그리 어렵다고 이제 와서 뒤늦게 어쩌라고, 속상하고 지난날의 무뚝뚝한 그가 진정 어색하지 않았다.

편안하게 보내드리자. 고통 없이 마지막까지 안간힘을 다해 간호해야겠다. 저쪽 병실에는 울음소리가 들린다. 또 한 생명이 이 세상을 이별하는가 보다. 죽음 앞에서 가족의 울부짖는 소리 무엇을 바랄까. 오직 아프지 않고 고통받지 않는 저세상 천국으로 가길 빈다.

남아있는 환자들의 표정은 굳을 대로 굳어있다. 애써 표정은 덤덤하다. 침묵만 흐르고 있다. 내 앞에 다가오는 죽음을 어떻게 받아들일 것인가. 다음 차례를 기다리는 것은 아닐까

서서히 온 전신의 힘이 쏙 빠진다. 그래도 현실이 바로 내 앞에 다가온다.

오늘도 하루해는 저물어간다.

복(福) 돼지

어미돼지 한 마리가 보통 열 마리에서 열다섯 마리 정도 낳는다.

그러니까 새끼 낳고 스무날이 지나면 임신하고 서너 달 키우면 육돈이 된다. 일 년에 두 번은 낳는 셈이다. 새끼 스무 마리는 아이들 키워 대학교 한 학기 등록금은 충분했다.

막내딸은 돼지 팔 때쯤 되면 등록금은 저절로 마련할 수 있고 가끔씩은 장학금을 받기도 해 그럭저럭 수월하게 등록금 걱정 없이 대학을 나왔다. 우리 집에서는 복덩어리로 불렀다. 복 돼지가 복을 준 한 학기 등록금이 아마 백만 원 정도 이였을 것이다.

어미 돼지 한 마리가 여섯 번 이상을 새끼를 낳아 충신으로 불렀다. 죽으면 묻어주자고 했는데 그러질 못했다. 워낙 고가로 팔렸기 때문이다. 한 마리가 열 마리 되고 백 마리가 수백 마리로 늘어 일일이 수작업으로 키웠던 돼지 사육은 현대식으로 바뀌었다. 좋은 축사를 마련해야 한다.

농사일에 덧붙여 축산과 다른 사업도 한 우리는 사업을 곁들여 해보았지만 그래도 양돈한 사업이 우리 집에 부를 가져다준 돼지를 우리는 복돼지라고 불렀다.

로또의 꿈

뒤척이며 서울에서 제주도까지 넘나들며 기와집을 몇 채 나 지었다 허물었다 했을까? 밤새도록 헤매었으니 허황된 헛꿈에 밤잠을 설친다. 억. 억 하고 흔히 쓰는 횡령자들의 횡포에 돈에 가치가 저 밑바닥에 나뒹굴러 졌는데 로또의 집념으로 십 억 꿈을 꿔본다.

만약에 정말 만약에 십억이 생긴다면, 할 것도 많고 할 일도 많은 나이다. 꿈은 현실의 연장이라고 하는데 횡포 자의 가소로움이 시야를 흐리게 한다. 만약에를 강조하면서 약한 자에게 자선도 해 보고 싶고 나만을 위해 호의호식도 해 보고 싶다. 할 수 있는 대로 모든 것 다 갖고 싶고 다 사고 싶고 맘껏 써 볼 수 있다면 하는 꿈. 나 같은 맘으로 누구나 한 번쯤은 로또의 대박을 바라고 있는 것은 아닐까?

수고하지 않는 자는 먹지도 마라. 불현듯 주님의 가르침이 혼란스런 두뇌를 깨우쳐 준다. 헛된 꿈속에서 이루지 못할 꿈속에서 허우적거리다 그만 수렁에 빠지고 만다. 머리는 지끈지

끈 눈을 껄끄럽고 온몸은 쇳덩이를 달아놓은 듯 천근만근이다.

무거운 쇠고랑을 차고 천국 문을 어찌 들어갈 것인가. 모든 짐을 벗어 던지고 주를 섬기는 일을 모르고 살았을까? 알면서도 행치 못 하는 약한 마음을 굽어살펴 주소서!

먼동이 튼다. 밝은 햇살이 눈부시다. 부스스한 얼굴에 밤잠을 왜 설쳤을까? 아무 부질없는 꿈속에서 어서 빨리 벗어나야 한다. 오늘을 위해 열심히 살자. 무거운 머리가 약간은 가벼워지는 것 같다. 한심했던 잠깐의 로또의 대박에서 쓴웃음을 지어본다.

대화

부모 자식 형제끼리 대화 없는 삭막한 가정을 TV 화면에서 보았다. 대화가 단절된 상태에서 마음 아파하며 저렇게 살아가야 하는지 이해가 되지 않았다. 어쩌다 저렇게 됐을까. 한 가정이 대화가 없다면 무슨 재미로 살까? 단절 속에는 미움의 싹만 점점 자랄 것이다. 내 상상은 끝없이 날개를 펴는데 전화벨이 울렸다.

"어머님 외출 중이셔요?"

"그래. 아이들은 별일 없고?"

"네! 오늘 날씨도 추운데 춥지 않게 다니세요."

"그래그래 너희도 잘 지내 거라."

"끼니 거르지 말고요"

"응 그래' 걱정 마"

안부 전화를 주는 덕에 추위도 더위도 이겨낼 힘이 생긴다. 조석으로 안부를 묻고 다독거려주는 자녀들이 사랑스럽다. 나뿐 아니라 흔히 어느 가정에서나 부모 자식 간에 볼 수 있는 정경이다. 대화는 먼저 손을 내밀고 안부를 묻고 다독여 주는 간단한 이치에서 비롯된 그걸 모르니 한심하다.

한 가정의 소중한 자녀들이 서로 비비며 웃는 소리를 듣는다. 핵가족 세대는 모를 것이다. 대가족이 함께했던 지난 시대는 얼마나 많은 웃음이 있었던가. 손자 손녀들의 재롱에 할아버지 할머니의 꼬부라진 허리가 더 굽어지던 풍경을. 깔깔대던 그 날의 기억이 그리워지는 시간이다. 호주머니에서 꺼내든 사탕 하나로 사랑과 화합이 온 가정에 퍼졌고 그렇게 어우러져 자랐고 배웠다.

칠십이 넘은 세대들은 그렇게 이웃과 친구에게도 먼저 손을 내밀고 말을 섞고 살았다.

TV를 보면서 이런저런 생각 속에 묻혀 있는데 문득 손자들이 '할머니' 하고 달려드는 소리가 금방 들릴 것 같다.

며칠 후면 황금 같은 설 명절의 휴일이다. 어떻게 하면 더 재미나고 즐거운 웃음꽃밭을 만들 수 있을까. 화목한 사랑의 씨앗을 심을까. 얼마나 아름다운 행복과 웃음을 선사할까를 생각해 본다.

온 가족이 빙 둘러 앉아 밤새 윷놀이를 즐기며 달게 먹을 음식 하나라도 더 만들어야겠다. 손자 손녀의 용돈을 올려 주어야겠다. 내 지갑은 홀쭉해지겠지? 그러면 다시 아들 며느리가 채워주겠지. 벌써부터 설 준비에 바빠지는 내 마음을 본다. 분주한 일들이 행복의 미소를 짓게 한다.

독도(獨島)

손꼽아 기다리던 독도 여행길에 올랐다. 드디어 4월 10일 새벽 4시에 출발 김제에서 포항까지 장장 4시간의 길이다. 9시에 포항에 도착해 간단한 아침 요기를 하고 기대에 찬 울릉도행 배를 탔다.

넘실대는 파도에 흔들흔들 속이 매스껍더니 온몸에 기운이 빠진다. 파도가 출렁출렁할 때마다 어지럽고 울렁거린다. 배멀미인가 보다. 속은 뉘엿뉘엿 매스껍다. 심한 고통을 겪는 사람들 900여 명의 승객들 속에 덩달아 나도 같은 처지가 되었다. 어쩔 수 없다.

그토록 가고 싶었던 곳 울릉도와 독도이지 않은가. 우리 일행은 파김치가 되었다. 모두들 '두 번은 올 데가 못 된다.' 고 하며 고개를 흔든다.' '다시 또 오나 봐라' 하고 정나미가 뚝 떨어져 혀를 내두른다. 객지의 하룻밤은 그렇게 저물었다.

어제의 어지럼증은 사라지고 바닷바람이 시원하다. 따뜻한 목욕물이 유황 물처럼 매끄러워 씻고 나니 피로가 싹 가셨다.

홍합 밥으로 아침을 마쳤다.

이튿날 작은 섬 울릉도에 육지관광은 시작되었다. '이왕 왔으니 보고는 가야지.' 그리 크지도 않은 작은 섬엔 나물이 풍부하다. 명이나물, 삼나물, 부지깽이나물, 참고비, 더덕, 미역취. 오징어가 주산물이고 생필품값이 비싼 섬이다. 모든 다른 품목은 육지에서 조달을 해야 하기 때문이다.

오징어 냄새가 코끝을 자극한다. 한입 물고 오물오물 씹었다. 이 섬에는 뱀, 도둑, 공해가 없으며 물, 바람, 돌, 여인, 향나무가 많아 삼무오다 (三無五多) 의 섬이라 위험하지 않고 맘 놓고 살기 좋은 곳이라고 한다.

지붕 위에다 나물을 말리는 모습도 신기하고 탱크에서 삶아 털어 말리는 모습도 낯설었다. 저 많은 나물들로 생계수단이라니 부지런해야 살아나겠다.

한 시간 반가량 독도로 향했다. 모두들 함성이다. 괭이갈매기들의 날갯짓은 휘황찬란하다. 일 년에 좋은 날씨가 많지 않기 때문에 독도에 내리지 못하고 회항하는 일이 많단다. 우리는 좋은 날씨 가운데 큰 행운을 얻은 셈이다. 고양이가 천정을 보고 누워있으면 3일 이내에 바람이 불거나 큰비가 온다는 속설로 전해온다고 한다. 그만큼 예측할 수 없는 날씨란 뜻이겠다. 이런 좋은 날을 '장판 날'이란다.

독도에 도달하니 눈물이 핑 돌았다. 분명 한국령 독도 (韓國領 獨島)라고 기록돼있는데 일본 땅이라고 우기는 저들이 안쓰러울 지경이다.

얫된 우리 군 경비대원들이 거수경례로 우리를 맞이한다. 우리는 이들에게 박수를 보냈다. 같이 사진촬영도 하고 손도 어루만져 주었다. 내 두 아들도 군인이다. 나는 더욱 마음이 쏠렸다. 가까이 다가가 고마움에 얼싸안아 주면서 '수고 많습니다.' 하니 '괜찮습니다.' 하는 힘찬 목소리가 믿음직스럽다.

30분이 지나면 승선을 해야 한다. 짧은 시간 내에 돌아보며 사진에 담기가 바쁘다. 이곳 저들과의 이별은 아쉬움을 남기고 돌아왔다.

독도는 동도와 서도로 나뉜다. 화산 폭발로 생긴 독도는 서도는 대한봉. 동도는 우산봉이라 한다. 독도에 들어가는 것은 삼대(三代)에 걸쳐 덕을 쌓아야 한다는 우스게 소리도 있다. 영상으로만 본 것과 달리 실제로는 드넓은 바다의 에메랄드빛 물결에 푹 빠져드는 것 같았다.

"울릉도 동남쪽 뱃길 따라 이백 리 외로운 섬 하나 새들의 고향

그 누가 아무리 자기네 땅이라고 우겨도 독도는 우리 땅."

나는 노래를 힘껏 불렀다.

다시 울릉도 북면 도동항 울릉 여객터미널로 들어섰다. 곧 해상관광과 육지관광에 나섰다.

내수전 일출 전망대에서 본 울릉도는 조명을 켠 듯 눈이 부시다. 맑은 바다를 그리다가 보면 등대가 보이고 나리분지에는 너와집과 투막집도 있다. 중요민속자료 256호로 지정이 되어 있다. 봉래폭포는 시원한 물줄기가 장관이다. 약수 공원을 가다보면 천연 에어컨을 경험한다. 한여름엔 땀을 확 날려 보낼

것 같다. 성인봉까지 오르다 보면 촛대바위, 삼형제 큰 바위, 죽도도 보인다. 나는 신선하고 맑고 공해 없는 깨끗한 울릉도에 푹 빠져드는 것 같다.

청정지역에서 나는 각종 먹을거리들이 입맛을 돋운다. 울릉약소와 홍합밥, 오징어내장탕, 호박엿, 따개비 칼국수는 특유의 맛이다. 일품인 오징어를 고소함에 연신 입에 물고 다녔다. 씹을수록 당겼다.

여름엔 오징어 축제도 좋단다. 섬백리향의 은은함에 도취 되어 샀다. 누가 잘 키우나 하고 골고루 나눠 가졌다. 향나무 빗도 하나씩 구입했다. 향나무의 향이 모든 불순물을 제거한단다.

2박 3일의 돌아오는 승선번호표 J04번을 잃어버렸다. 큰일이다. 재발급을 하면 63.000원을 지불해야한다. 난감하기 짝이 없었다. 일이 벌어졌다. 찬바람과 땀을 흘린 탓에 기침은 쏟아져 나오는 와중에도 아름다운 풍경을 딸들과 주고받다가 잊어버린 것일까?

아무리 가방이며 호주머니를 다 뒤져봐도 없다. 일행들한테 미안했다. '이 일을 어찌할꼬.' 걱정하다가 긴장감에 이마의 땀을 씻으려고 주머니에서 손수건을 꺼내는데

번호표가 딸려 나왔다. '찾았다. 오바' 반갑다. 잠깐이나마 일행들에게 바보짓을 한 것이 민망하여 몸 둘 바를 모르겠다. 항상 '서두르지 말고 흥에 도취되지도 말자' 하면서도 나는 그 흥을 주체하지 못한다.

다행히 승선을 했다. 멀미에 힘들었던 시간은 언제 그랬냐는 듯 온데간데없다. 저편 폭포가 시원해 보이고 계곡 밑엔 개나리가 피어있다. 벚꽃이 뒤늦게 흐드러졌다. 세상에서 가장 아름다운 섬인 것 같다.

숨을 죽였던 바다, 구름이 녹아버렸던 하늘, 수많은 갈매기들의 한가로운 날개 짓 속에서 시간가는 줄 몰랐다. 청정지역의 작은, 섬 울릉도와 독도의 저 맑고 깨끗한 물을 다시 또 볼 수 있을까 싶다. 가파른 계단을 오를 때 땀범벅이 된 다리, 허리, 기침, 다시는 “오나 봐라” 했던 곳이 오래토록 기억에 남을 것이다.

나는 울릉도와 독도의 모든 것을 담아 놓은 커다란 행복주머니를 걸머졌다.

대한민국의 민간인으로써 이틀밤을 묵은 울릉도, 그리고 두 발로 올라선 우리의 영토, 독도를 자꾸만 되돌아본다. 두고 오는 발길이 떨어지지 않는다. 오고 싶지 않았던 섬이 “ 또 와야지” 하는 다짐으로 바뀐다.

2014년 4월 10일 울릉도. 독도여행

대전大田 엑스포

두 자매가 자기소개서를 열심히 적고 제일 예쁜 사진을 오려 붙이고 킥킥댄다. MBC 방송국의 대전 엑스포 도우미 공모에 나가겠다고 밤새도록 열중이다.

막내는 재학 중이다. 둘째는 대학을 졸업하고 스튜어디스 한다고 학원에 다니면서 밤마다 워킹을 연습하던 차 광고를 보고 원서를 적는 중이다.

일단 한번 내본다고 응모를 했는데 연락이 왔다. 일차 시험에 모두 합격이었다. 이차 면접에서는 둘째는 합격했다. 워킹 연습 덕분이라고 나는 생각했다. 시험이 워낙 까다로워 진땀을 흘렸다고 한다.

입사 후로 고액의 월급과 주거 의복 화장품까지 제공을 해주니 졸업 후 직장치고는 대박이다. 특히 VIP만 인솔하고 소개하고 설명하는 임무라 한다. 딸 덕택에 맨 앞줄에 앉아 편안하게 구경을 하니 이런 특혜가 없다. 여러 번 가족 친구들과 엑스포를 찾았다. 딸은 나의 자랑거리가 되었다. 딸이 해설하는 영어 실력은 대단해 보였다.

'이젠 됐다' 이곳에서 꼭 성공을 해야 한다고 부푼 꿈을 안고 3개월이 지났다.

1993년 8월 7일부터 11월 7일 까지만, 개방이 되었고 그 후로 별 성과를 보지 못해 민영으로 넘어가 버렸다. 몇백 명이나 되는 도우미와 여러 곳에서 일하는 고용인들이 흩어지게 되었다. 지금은 과학 공원으로 사용되고 있다고 한다.

정식 발령을 기대했는데 새로 일자리를 찾아야 한다. 딸은 가끔 대전엑스포 도우미의 화려했던 시절이 생각난다고 했다. 3개월의 좋은 기회를 토대 삼아 다시 취업 준비를 열심히 하더니 엑스포의 경험으로 미국에 갔다. 끝내 영어권을 벗어나지 못하나 보다.

남새밭

남새밭이 있어 좋다. 작은 채소밭 하나쯤은 가지고 있어야 가꾸는 재미도 있고 거기에 건강도 챙겨지는 것 같다. 그것은? 우리 삶에 이로움이 많기 때문이다.

난 좁은 터에 이것저것 여러 가지를 심고 있다. 올해엔 호박. 오이. 고추. 상추. 쑥갓. 아욱. 가지. 옥수수. 거기에 비트도 심었고 몇 포기씩이지만 잘도 크고 있다.

아침마다 쑥쑥 자라나는 모습에 기쁨이 있고 즐거움이 있다. 그런데 한 달이 아니 두 달이 되도록 가뭄에 시들어가는 채소를 보면 안타깝고 안쓰럽다.

그래서 오후마다 시원하게 물을 뿌려준다. 시원하게 목을 축이고 땡볕에 더위를 식히면 파릇하고 생생하게 되살아나 생기를 얻고 나풀거리며 춤을 추는 것 같다. 하지만 어쩌다 물주는 일을 놓칠라치면 "아이고 죽겠소." 하고 신음소리를 내지른다. 나는 미안함에 얼른 신선하게 깨끗한 지하수로 목을 축여준다. 물주기는 나의 일과가 됐다.

장마가 있을 땐 잡초 때문에 힘이 들지만 이 가뭄엔 시원하게 물 세례를 받고 생기를 돋는 모습에 나는 강한 생명력에 감사한다. 끼니마다 상추. 고추. 오이를 반찬으로 올리며 우리 아이들한테도 보내주고 나눠 먹는 맛도 더할 것 없이 기쁘고 늘 감사한다. 하나둘씩 열매를 따는 재미가 쏠쏠하여 열심히 가꾼다. 재미있는 생활 속에서 건강을 지키려 한다. 나는 남새밭이 있어 좋다.

2012. 6 가뭄

4부

나들이 간다

노거수(老居樹)

세상을 포근하게 감싸주는 아주 하얀 눈이 간밤에 내렸어요. 아기 예수님의 탄생하신 날을 기념이라도 하듯이 말입니다. 내 집 앞을 안전하게 미끄럽지 않게 쓸었더니 그것은 눈길이 아닌 사람들의 소통의 길로 변했습니다.

교회에서 성탄축하 예배를 드리고 집으로 오는 길에 문득 걷고 싶었습니다. 따뜻하게 무장하고 무작정 발 닿는 대로 가고 있습니다. 목표물이 시야에 다가옵니다.

멀리 있지도 않지만 내 고장의 우리 면에 위치하고 있는 그 곳을 이런저런 이유로 찾아갈 수가 없었습니다. 명절이나 산소를 찾아갈 적에 들여다보는 친정입니다. 가족들이 도시로 떠나 살기 때문에 그런 가 봅니다.

내가 태어나고 자랐던 곳, 정자나무가 저 멀리 보였고 가다 보면 천연기념물로 사랑받는 왕버들도 있습니다. 동네의 수호신입니다. 무병장수를 빌기도 하고 해마다 당산제를 지내는 거목입니다.

어릴 적 초등학교 가는 길목에 턱 버티고 서서 그늘을 드리웁니다. 잠간씩 더위를 식히며 쉬어가기도 했습니다. 300년이 넘는 노거수입니다. 고사를 지내야 동티도 나지 않고 재앙이 물러난다는 전설이 깃든 나무입니다. 눈 내린 저 나무에 눈꽃을 하얗게 피우고 있군요.

걷다 보니 600년이 넘은 정자나무는 이웃 동네에 천연기념물280호입니다. 이제는 세월에 쫓겨 고목이 다 되었습니다. 내 고장의 수호신 느티나무가 나를 반겨 어서 오라 손짓하니 빨리 걸을 수밖에요.

내 어릴 적 추억을 더듬으며 여기에 파묻히고 싶습니다. 겨울과 여름 사이를 오가며 이렇게 걷고 있습니다.

멍석을 깔아놓고 온 동네 어른 아이 할 것 없이 더위를 식히던 나무! 어른들의 목침 밑의 주름진 목선이 그립고, 공기놀이 하는 아이들이 재잘대는 소리가 들리는 듯합니다. 70여 년이 넘어서 내가 본 고목은 한쪽이 부러져 받침대로 의지한 채 버티고 있었고 밑 부분 구멍 난 곳은 외과 수술을 받아 메워져 있고 가꾸고 보살펴 아주 건강한 자태를 뽐내고 있어 좋아 보이네요. 그래도 울타리 칸막이도 해놓고 관리하는 세월의 흐름은 보호막으로 막을 길 이 없다는 것을 실감하게 하는군요.

옆에 평편한 바위가 있는데 이 암반이 조금만 높았더라면 동네에 역적이 났을 것이라는 전설이 있고 6.25 사변 때는 젊은이들이 이나무에 인사를 드리고 전쟁터에 갔을 때 한 사람도 다친 일이 없다고 하는 정말 동네를 지켜주는 수호신인 정자나무입니다.

시골 길은 조용하기만 했습니다. 발자국도 없는 눈길을 따라 되돌아오면서도 춥고 시린 12월의 찬바람이 아렸습니다. 새롭게 어릴 적 추억이 새록새록 생각이나 피식 웃음이 나오네요. 이 추운 날에 생뚱맞게 스리 여름을 떠올릴까?

곰방대를 문 할아버지들, 왕골을 벗기는 아저씨 아줌마들, 더러는 새끼를 꼬기도 하고 망태를 짜는 모습들이 훤하니 보입니다. 그 속에서 뛰어다니기도 하고 나무에 오르기도 하여 또래들과 재잘대다가 낮잠 자던 어른들의 발을 건드려 혼줄을 나던 기억이 떠오릅니다. 놀기에 해지는 줄도 모르고 있으면 "밥 안 먹을래? "늦으면 밥 없다." 는 언니의 외치는 소리에 흙 묻은 손도 털지도 못한 채 마구 집으로 달려갔던 기억 속에 젖어 걷다 보니 벌써 집으로 향해 있습니다.

이 해가 저물어가고 있습니다. 또 다른 새해가 어김없이 올 것입니다. 마음의 허전함을 위로라도 하듯이 어딘가를 향해 걷고 싶었습니다. 눈길 따라 언 발을 구르며 방안에 들어섰습니다. 따스한 온기가 감싸주는 하루였습니다.

2012. 12. 25 성탄일

늦바람

어김없이 오늘도 서둘러 집을 나선다.

"오늘은 출근이 늦네."

동네 어른들이 말을 건넨다.

"네—에—에"

대답하기 싫을 때 내가 하는 답은 길다. 매번 듣는 말이기 때문이다. 비가 오나 눈이 오나 어딜 그렇게 나갈까? 하고 궁금해한다. 일찍 집에 들어오는 길이다.

"오늘은 퇴근길이 빠르네."

어찌 그리 관심들이 많은지. 나가든 들어오든 무슨 참견일까? 하고 싫은 내색도 해보았다. 그런데 그런 관심을 보인다는 것은 사랑하기 때문일 것이다. 나가든 들어오든 자든 일을 하든 본 동 만 동 한다면 한동네 사는 정이 아닐 것이다. 오히려 고마운 일이다.

지난 몇 년 동안 노래교실, 생활체육. 한 춤을 배우러 다녔다. 취미생활도 즐기고 건강도 다지려고 여성 회관을 출퇴근했다. 이제는 나이가 무섭다. 여러 번 수술 끝에 건강이 좋지 않아 쉬고 있는 터라 친구들이 뭐하느냐고 종종 묻는다.

어느 날 전화국에 들르니 '언니 어쩐 일이야' 하고 깜짝 반긴다. 지금 뭐 해' 젊은 친구가 묻는다. 응, 그냥 이것저것, 봉사활동도 취미생활도 그전 같지 않아, '그럼 언니 나하고 어디 갈 데가 있는데' 내일 같이 가자는 거다. 다음날 끌려온 곳이 원광대 평생교육원이다. 시 · 수필 창작공부를 한단다. 이 나이에 공부해도 될까?

"언니는 할 수 있어"

그냥 그 자리에서 등록을 했다. 매주 목요일이면 함께 다니자고 했다. 다닌 지 벌써 두 해가 지났다. 젊은이들과 또한 훌륭하신 두 교수님의 지도 아래 올해는 시집도 한 권 냈고 수필부문에 등단도 했다. 내가 스스로 대단하다고 생각한다. 작품을 발표할 때마다 칭찬해 줄때는 금방 으쓱해지고 힘이 난다. 밤새 끙끙대며 허리 다리가 아프다가도 학교 가는 날이면 거뜬하다. 에너지가 솟는 것 같다.

돋보기를 걸치고 컴퓨터 자판을 눌러본다. 피곤하고 힘이 들지만 차곡차곡 써가는 기쁨을 나는 안다 자신감이 생긴다. 어느 친구가 '아깝다고' 하면서 좀 더 일찍 시작했다면 더 좋았을 걸 하고 위로한다.

늦깎이의 배움 길이 쉽지만은 않지만 그래도 나이 들어도 할 수 있다는 본보기가 되고 싶다. 그렇다. 80이면 어떠랴, 일

본의 시바타 도요 씨는 100세를 앞두고 시집을 내서 세계적으로 유명세를 낸 사람이다. 나도 건강이 허락하는 한 글을 써볼 작정이다. 단 한 사람이라도 감동을 받고 밀어주며 읽어 주는 글을 써 볼 것이다. 하나둘씩 독자도 생겼다. 전화도 문자도 오는 것을 보면 힘이 생긴다.

이제는 일찍 나가든 들어오든 이웃들의 관심이 줄었다. 공부하는 것을 알고 있기 때문에 부러움을 사기도 한다. 엇길로 가지 않으니 눈총은커녕 선망의 대상이다. 우뚝 설 수 있는 날을 기대하며 노력하는 중이다. 보람. 즐거움. 기쁨. 하고 싶음. 이 모두가 무엇이든 꼼지락거리는 데서 온다고 믿는다.

사랑하는 자녀들의 응원과 박수를 받으며 나는 오늘도 봉황문학의 문을 힘차게 내딛는다. 정겹고 반가운 얼굴들이 강의실에 들어서면 봉황문에서 나를 반긴다.

느닷없이

느닷없이 쿵 하고 쓰러지는 것도 순식간이다. 이루 말할 수 없이 당황스럽다. 순식간이다. 얼마나 놀랍고 괴롭고 아프겠는가? 졸도도 아니다. 달려들 수도 없는 상황이다.

힘이 쏙 빠진다. 의사는 기립성 실신이라고 했단다. 내 자녀가 이런 상황이니 기겁하여 쓰러질 일이다. 살다 보면 이런 아픔쯤이야 없을까마는 한 치 앞을 모르는 것이 인생사이다.

며칠 전 대학생인 손녀가 다이어트 한다고 운동을 하다가 쓰러졌다. 불치병은 아니란다. 가슴이 조이고 아프고 괴로웠다. 이럴 때일수록 당황하지 말고 차분하게 대처할 수 있으면 얼마나 좋을까. 그런데 그럴 수가 없다. 놀란 가슴을 쓸었다. 뒤돌아보면 이런 순간은 값진 쓰라림이 아니겠는가. 뒷날 보탬이 되고 약이 되는 것이다. 운동도 적당히 해야 하지 않을까.

적당이란 말이 어렵기는 하다. 쉽게 되지를 않는다. 비 온 땅이 더욱 굳어진다고 한다. 병을 앓고 난 뒤 더 크는 아이들처럼 손녀는 뒤늦게 건강을 다진 대가를 톡톡히 치렀다.

하루의 아침을 화창하게 열고 잠들 때까지 순탄하게 보낸다면 더 말할 나위 없는 행복이 아니겠는가.

어느 날 느닷없이 끔찍한 일이 벌어질 줄을 모르는 게 삶이다. 어떻게 대처해야 할 것인지를 미리 고민해 둬야겠다. 과욕을 부리지 말일이다. 적당히 노력하면 그 자체가 두뇌를 맑게 하고 마음을 편하게 할 것이다. 몸이 즐거워야 매사가 순탄하다는 생각을 해 본다. 이런 사실을 알면서도 실천하지 못하고 있으니 한심할 노릇이다.

기꺼이 밝게 살고 싶다. 즐겁게 행복을 추구하며 삶을 영위하고 싶은 것은 모두의 바람이다.

실천은 지극히 어렵다. 어서 빨리 목적을 달성하려는 성급함이 일을 망치고 만다. 느닷없이 일을 당하여 시름에 빠져서는 안 될 일이다. 생각을 바꾸고 노력하는 것이 최상의 대처 방법이겠다. 오늘도 실천하는 삶, 노력하는 노년을 살고 싶다.

나들이 간다.

봄바람이 살랑살랑 불어와 맘도 몸도 덩달아 흔들흔들 들뜨는 봄이다.

젊은이 늙은이 너나 할 것 없이 삼사월은 농한기라 농촌은 아직은 덜 바쁜 틈을 타 나들이에 나선다.

사월부터는 본격적으로 농사철이라 바쁘게 손발을 움직여만 하기 때문이다. 너도나도 들로 산으로 꽃구경 가는데 한 달 전부터 예약 관광 코스를 잡느라 분주하다. 출발 날이 다가오니 더 바쁘다. 예쁜 옷도 사고 파마도 해야 되고… 우리네 농촌 사람들의 사는 풍습 모양들이다.

관광 문화가 발달되어 봄, 가을철이 되면 향긋한 꽃 바람을 타고 꽃을 찾아 나서면, 모든 시름을 다 잊는다. 오로지 즐겁게 놀고, 먹고, 마시고, 구경하는 데에 힘쓴다. 어느 누가 이토록 모든 시름 잊고 하루만이라도 마음 텅 비우고 꽃구경하는 즐거움을 어찌 놓치고 싶겠는가. 젊음을 한꺼번에 얻는 느낌이 든다. 여행을 다녀오면 한 십 년은 젊어진 것 같다.

서울지역 동창들이 이쪽 지역 친구들과 만나기로 한 날이 다가온다. 간과 장소, 숙소, 하나하나 구하는데 신경이 곤두세워진다. 어떻게 좋은 놀이로 그들을 맞을까 궁리를 한다. 친구들을 맞아 봄나들이에 좋은 결과를 보려고 두뇌를 여러 번 굴려 회전해 본다.

몸 풀고, 마음 풀고, 즐겁게, 기쁨이 있는, 눈 열고, 귀 열고, 입 열어, 정말 멋지고 즐겁게 봄나들이를 했다는 소리를 듣고 싶다.

밤새도록 할 말이 얼마나 많을지 모르겠다. 두툼한 옷을 벗어 던지고 가벼운 맘으로 삼월의 봄날을 맞이할 거다. 나는 꼬까옷 때때옷 새 옷 입을 설 명절을 기다리는 어린 시절로 돌아간다. 입꼬리가 자꾸만 올라가고 괜스레 흥겹다. 삼월의 봄나들 손짓에 내 얼굴이 먼저 앞뜰 홍매화처럼 발그레 웃음꽃을 피우나 보다. 어느새 설렘은 봄바람을 타고 내 창을 두드린다.

괴짜 싸이

말도 가사도 어설픈 춤 그리고 마구 뛰고 또 뛰고 미친 듯이 돌아다니며 동작만으로 수많은 관중을 사로잡는 힘, 그는 괴짜 중의 괴짜이다. 말 춤으로 독특한 우스운 몸동작은 솔직하고 자신감 있는 싸이 만의 춤이 아닌 동작이다.

관중을 흥분케 하고 세계를 흔드는 그는 지금 1위보다도 좋아하는 노래 춤으로 기죽지 않고 세계를 휘어잡는다. 자신감 있는 몸동작으로 비롯돼 세계를 뒤흔들며 움직인다. 사람을 기분 좋게 하는 능력의 소유자이다. 열정적이고 무대를 장악 하는 괴짜이다.

어설픈 춤으로 이토록 세상을 압도하고 만다. 관중은 미치광이가 되고 기분 좋게 춤을 추지 않고서는 못 배긴다. 무서운 괴력의 소유자이다. 미치광이 춤, 말 춤으로 온 세계를 열광하게 만드는 힘, 한류스타 싸이가 우리 대한민국을 빛내고 있다.

자기만의 끼를 발전시켜 그런 능력을 발휘할 때 사람의 심금을 울리나 보다. 웃기고 나아가 온 인류의 스타가 되기도 하고 세계의 영웅도 되는 능력의 소유는 싸이 만이 가지고 있는 능력이다. 우리도 노력하면 스타도 되고 영웅도 되지 않을까? 머나먼 꿈속으로 젖어들게 하는 싸이 괴짜에게 박수갈채를 보낸다.

꼬마 텃밭

아직도 3월의 꽃샘추위는 차갑지만, 몸과 마음은 훈풍이 감돈다. 추운 줄을 모르고 한 삽 한 삽 퍼 올려 쏟기를 반복한다. 내 작은 텃밭을 일구는데 온 힘을 다했다.

집 앞 소방도로를 개조한다고 한다. 배수로를 파헤치고 새로 콘크리트를 깐다고 한다. 흙 구경이 쉽지 않아 흙을 보는 게 힘든 세상이다. 동네 길이 몇 번째 바뀌는지 모른다. 처음엔 시멘트길로 시작해서 상수도로, 얼마 전에는 아스콘이 깔리더니 또다시 파고 엎어 소방 도로를 개설한다고 한다.

좁은 길이 넓어지긴 했지만, 그 뒤처리는 집 앞 주인 몫이다. 수로를 파고 덮으니 길은 몸살을 심히 앓는다. 정부에서 깔끔하게 한 번에 끝낼 수는 없는지 이건 너무 심하다는 생각이 든다. 먼지가 일어 성가시기 그지없다.

나는 옮겨온 흙더미에 줄을 긋고 흩어진 벽돌을 주섬주섬 주어다가 단을 쌓았다. 제법 울타리가 되었다. 마당가에 텃밭 만들기는 다음날도 또 다음날도 계속되었다. 땀은 비 오듯 하고 허리도 아프다. '사서 고생을 한다.'느니 '얼마나 먹으려느냐.' 는 이웃의 빈축을 귓등으로 흘렸다.

물을 주고 가꾼 잎을 뜯고 무공해를 나눠주는 내가 나를 기쁘게 한다. 텃밭은 가꾸는 재미. 흙의 소중함. 땀의 가치. 삶의 깊이 같은 것을 깨닫게 한다. '나의 소중한 꼬마 텃밭' 이라는 예쁜 깃발을 하나 꽂고 싶다. 고추는 3포기만 심을까. 아니야, 오이도 3포기를 심자. 얼기설기 막대를 세워주면 아주 잘 타고 올라갈 거야. 가지는 3포기, 쑥갓, 아욱, 상추는 기본이다. 토마토는 내 아침 양식이니 이것도 4포기를 심으면 좋겠다. 싱그러운 봄 꿈이 쪼끄마한 밭에 꽉 찬다.

더부룩이 자란 푸성귀들이 오순도손 부르는 노래를 듣는다. 나만이 아닌 이웃 자녀들과 오가는 손길의 입맛을 상상하면 어느새 피곤이 싹 가신다.

흙은 거짓이 없다. 심은 대로 맺어준다. 부지런한 어머님의 교훈과 이전에도 텃밭 만들기를 보살펴준 시숙님의 고마움이 푸른 잎으로 너울댄다.

이마의 땀을 훔쳤다. 뒷짐을 지고 흡족하게 쳐다보며 피식 웃었다. 이런 나를 보고 하나님도 웃으시려나?

꽃동산은 미완성

경사가 가파른 배수로에 하마터면 빠질 뻔했다. 조심조심 코스모스를 심고 사이사이 나팔꽃도 심었고 안집에 있는 국화, 과꽃, 채송화, 봉선화, 꽃 잔디를 하나씩 대문 밖 길가에 옮겨놓았다. 이름 모를 야생화도 모였으니 꽤 좋은 꽃동산이 이루어질 것 같다. 어느새 핀 하얀 민들레가 돋보인다.

소방도로 덕에 수차례 망가진 길. 무던히도 애가 쓰인다. 바로 내 집 앞이어서 내가 먼저 깨끗이 꾸미면 오가는 길손들의 눈도 마음도 환해지고 칙칙했던 마음도 가벼워질 것 같다. 꽃을 보고 싫어하는 사람은 하나도 없을 것이다. 마음도 맑아지고 눈도 즐겁고 기쁨을 주는 꽃은 언제나 어디서나 환영을 받는다. 꽃은 보는 이의 마음을 기쁘게 할 뿐 아니라 아름답고 예쁜 꽃향기는 더더욱 좋아 상쾌한 기분을 만들어 주니까…

한 사람이 여러 사람을 기쁘게 할 수 있다는 나의 기대 심리가 방치해둔 길을 가꾸게 했다. 잡초와 쓰레기를 걷어내고 제초제를 뿌렸다. 누가 시킨 것도 아닌데 그냥 내가 좋아서 한 일이다. 황무지를 개간하는 마음으로 가뭄에 조석으로 물을 주었다. 제법 꽃동산이 이루어지는 것 같다.

지난번 장마에는 배수로가 넘쳐 집안 창고가 잠긴 일이 있었다. 그 후 감나무, 앵두나무, 배나무, 대추나무, 자두나무, 꽃사과 나무. 자귀꽃 나무를 심어 튼튼한 길이 되었다. 과일나무가 여러 사람을 기쁘게 했다.

채소를 심어 가꾸어 놓으면 별다른 명목으로 관청에서 다시 파 엎어 고생만 더한 것 같은 느낌이지만 새로운 반듯한 길이 될 날을 믿으며 그동안이라도 좋은 길을 만들고 싶다.

호미가 튕겨 불똥이 일기도 하고 긴 가뭄에 조석으로 물을 주니 이웃들이 공로상을 줘야 한다고들 한다. 한 사람으로 인해 아름다운 길목이 된다면 시간을 투자하고 쪼개어 꽃을 심는 수고가 대수겠는가. 공기 좋고 기분 좋은 길 벽에 벽화를 그리자고 제안했다.

꽃길을 조성하는 데 도움이 되지 않는 얄미운 사람도 더러는 있다. 동네 길이 자기 집 앞이니 자기 것인 양 콩도 심고 팥도 심고 고추를 심어 수고한 사람을 헤아리지 않는다. 애써 심은 창포도 뽑아 버리기도 한다. 버린 걸 주어다 다시 심으니 비가 와 다행히 살았다.

남편은 창포를 소중하게 여겼다. 친구에게 술 사주고 얻어다 심은 것이다.

수질을 개선하고 정화 작용도 하는 노란 꽃이 참 예쁜 식물이다. 남편은 항상 배수로의 지저분한 쓰레기를 치우는 솔선수

범을 보였으며 정의감이 넘치는 모범생이었다. 아마 저세상에서도 좋은 사람으로 인정을 받을 것이다. 미나리도 심고 우렁이도 잡았고 물고기도 잡았던 도랑 가에 창포의 정화로 인해 깨끗한 배수로가 되었다. 주변의 풀을 모두 뽑아 깨끗하게 만들었다.

앞집 선생님도 여러 가지 꽃들을 심어놓았지만 바쁜 업무 때문에 풀이 많다.

'풀도 있어야 영양분이 생겨요.' 하며 느긋해 한다. "너무 깨끗하게 하시면 내가 창피하잖아요." 해서 웃어넘겼다. 건너편 앞집 퇴직한 선생님도 벽화도 그리고 꽃길 조성하는데 같은 생각이시다. 면사무소에서 코스모스를 가져다 심었다.

두어 차례 비가 내려 제법 뿌리를 내렸고 채송화도 봉선화도 피었다. 이름 모를 야생화도 주섬주섬 심었더니 아주 예쁘다. 나팔꽃도 코스모스 사이에서 방긋하고 여기저기서 고개를 내민다. 코스모스는 가지를 두어 번 잘라 주었더니 풍성하게 자라고 있다. 아침에 대문을 활짝 열면 나를 반긴다.

머지않아 코스모스가 한들거리며 길가는 향기가 넘칠 것이다. 아름다운 길, 과분한 나의 소망은 에덴의 동산을 방불케 할 것이다.

아직도 미완성인 대문 밖 꽃길을 상상하면 하루 종일 기분이 좋다. 과분한 나의 소망, 미지의 꽃동산이다.

가족여행 (家族旅行)

가족이 다 함께 모인다는 것은 극히 어려운 일이다. 각자 하는 일과 직업이 다르기 때문이다. 일정을 정하기가 매우 힘들다. 어렵게 시간을 만들어야 겨우 한데 모일 수 있다.

캘리포니아에 있는 딸아이가 마침 학생들 겨울방학을 이용해서 이것저것 여행순서를 꼼꼼하게 짜임새 있게 잘 세워 왔다.

진안 패션이 집결장소였다. 시간에 맞추어 각자 하나 혹은 둘씩 짝을 지어 아들 며느리 딸 사위 손자 손녀가 모였다.

저녁을 마치고 윷놀이로 밤을 새웠다. 우리 가족은 모이면 윷놀이를 한다.

마침 내 칠순. 큰딸 생일. 큰아들의 포상. 또 손자 생일이 겹쳐 즐거움이 더했다. 케이크 하나를 놓고 축하하기를 반복하며 손자들은 재미있는지 자꾸 켜고 끄기를 반복하려 든다. 그게 귀엽다. 케익 자르기는 아이들의 놀이판이 되어 웃음바다가 되었다.

윷놀이에 정신이 팔린 손자들의 함성소리가 내 꿈속에서도 들렸다. 밤새 떠들더니 곯아 떨어졌다. 아침 곰국 맛있다. 산책을 나섰다.

맑고 고운 계곡과 깨끗한 산림이 상쾌하다. 이리저리 온 가족이 아침 산책에 시간 가는 줄 몰랐다.

저녁에는 야외 모닥불을 피워놓고 진안 흙돼지구이와 석화구이로 얼마나 맛있게 먹었는지 모른다. 남은 불에 고구마를 구웠다. 재미가 여간 아니다. 친절한 주인의 연시는 더 일품이다. 배가 더 크다면 더 먹을 수 있었을 텐데…. 근사한 만찬이었다.

다음 날 아침은 무주에서 곤돌라를 탔다. 눈 내린 산 배경이 아찔할 만큼 좋았다. 눈꽃 송이를 보는듯했다. 나무 하나하나가 그리도 예쁜지 손자들은 신이 날 대로 났다. 좋아하는 모습들을 사진에 담고 눈싸움도 하였다.

돌아와 밤에는 새 이야기꽃을 피웠다. 시간 가는 줄을 모르겠다. 손자들의 노래와 춤이 축하 파티를 더욱 빛냈다.

기쁨 뒤엔 슬픔이 따르나 보다. 남편의 빈자리가 이토록 크다는 것을 느꼈다. 아이들 앞에서 티를 낼 수도 없어 속으로 삼키느라 매우 힘들었다. 나 혼자만의 호강에 호사스러운 날이 아닌가 하고 생각을 하니 어쩐지 미안하고 허전하다.

남편이 애들에게 남기고 간 것은 부지런함이다. 엄하게 키워 잘 다듬어진 아이들이다. 가족들이 건강하고 하는 일이 잘되기를 기쁨 속에서도 빌고 빌었다.

2010.11. 6. 고희기념

동창생 · 1

어김없이 미리 정한 장소에 모이는 30년이 훨씬 넘은 동창모임이다. 매달 한 번씩 만나는 단발머리인 친구들이다. 너 나 없이 "야, 너" 다. 시어머니 흉, 남편 흉, 자식 자랑, 손자 자랑에 하루가 모자랄 지경이다.

그전에는 집집을 순회하면서 음식을 대접하기도 하고 직접 우리들이 만들어 먹거나 했고 도시락을 싸기도 했다. 지금은 귀찮고 번거로워 외식으로 바꾸었다.

만나면 으레 윷판을 벌린다. 여름날엔 잔디밭이나 평상에서 논다. 시끌벅적하게 떠드는 소리에 오고 가는 사람들의 훈수도 곁들여 흥이 더 고조되어 소리가 높아진다.

철 따라 여행도 간다. 우리들은 학창시절로 돌아가 끝없이 재잘거린다.

언젠가는 아주 오랜만에 담임선생님 소식을 듣고 서울에서 여수까지 갔었다. 열차 한 칸은 25명의 동창회 장소가 되었다. 아주 신나게 떠들며 선생님을 뵙게 되었다. 선생님은 여수에서도 손꼽히는 큰 기업의 회장이었다. 영어를 담당했던 조재혁 선생님은 훤칠한 키에 하얀 백구두 멋쟁이로 불렸다.

시험시간에는 또박또박 걷다가 "홱" 하고 돌아보았다.

컨닝하던 애들은 영락없이 들키고 말았다. 머리를 짜내어 컨닝 재료를 만들었으나 시험을 망쳤던 일을 상기하며 선생님을 붙들고 밤을 새웠다.

단발머리 꿈 많던 소녀 시절로 돌아간 우리들은 후한 대접을 받고 돌아왔던 일. 수학 선생님의 답이 틀려 와이셔츠에 잉크를 뿌린 일도 있었다.

축제와 연극을 마무리하고 집에 늦게 돌아오다가 도깨비에 홀려 교복을 흠뻑 젖었던 일이 생각이 난다. 음악 선생님의 우스꽝스럽던 재스츄어에 그냥 웃다가 연습을 망치기도 했다. 과학 선생님은 방귀를 뀌는 학생에게 "부지중에 나오는 까쓰" 하면서 살짝 웃어넘겼다. 재즈를 아주 멋지게 가르쳐 주셨던 남자 선생님이 아마 지금은 저세상 사람이 되었을지도 모른다. 은사들의 소식이 궁금해 우리는 금방 숙연해지기도 한다.

몇 해 전에는 중국을 일주일 동안 다녀왔다. 밤낮을 가리지 않고 웃고 떠드느라 잠을 설쳤어도 피곤한줄 몰랐다. 이제는 "그땐 그랬지" 하면서 어린 시절을 그린다. 새록새록 그립다. 추억의 이야기가 끊이질 않는 오늘도 학창 시절로 돌아간 동창생들이다.

2013. 7. 21. 동창모임

동창생 · 2

어느 날 서울에서 아침 일찍 전화가 왔다. 김제 심포 앞바다로 조개잡이를 온단다. 나는 허겁지겁 달려갔다. 아주 반가운 서울 동창들이다. 갯벌에 빠지고 걷어 올린 두발로 철퍼덕거리며 그 넓은 바다에 들어서니 온통 갯벌이다. 난 처음 경험해보는 조개잡이였다.

길쭉한 호미로 콕 찍어 걷어 올리면 조개 물이 튀어 얼굴을 마사지 해주며 조개들이 마구 쏟아져 나왔다. 처음 맛보는 싱그러운 갯벌 냄새를 맡으며 신이 났다. 온 바다가 우리만의 세상이었다.

'바다야 떠나가라. 바닷물아 채워지지 마라. 종일 우리는 여기에 있겠노라'. 말도 안 되는 시도 짓고, 즉석 작곡, 작사를 하고 모두 가수가 된 듯 노래를 목청껏 불렀다.

밀물이 들기 전에 서둘러야 한다. 조개 망태를 끙끙대며 끌기도 하고 어깨에 메기도 하였다. 한참을 걷다가 쏟아지는 조개가 아까워 다시 주워담아 끄는 모습이 얼마나 우스웠던지…

나중에 알고 보니 뻘밭엔 경운기로 오간다 했다. 그런데 우리들에게는 생생하게 경험을 위해 경운기를 대동하지 않았다고 한다. 그래서 더 좋았던 것 같다. 친구들은 모두 우리 집으로 몰려왔다. 흙투성이 범벅을 털고 밤새 놀았다. 얼마 되지 않은 채소밭을 싹쓸이 해 버렸다. 지금처럼 보안등도 없던 시절, 봉고차 불빛으로 가지, 고추, 상추, 아욱, 깻잎을 뜯는 손들이 어찌나 분주하던지 또 한바탕 웃음판이 벌어졌다.

보리 익은 오월에는 그 갯벌이 떠오른다. 다음 해에 다시 온다던 친구들이 하나씩 아프기 시작하였다. 병원신세를 지는가 하면 다리도 아프고 허리도 아프고 수술도 했다 한다. 힘겨운 생활을 하는 모양이다.

새만금 개발 덕에 모든 바다의 양식들이 사라져 버려 아쉽다. 다시 되돌릴 수 없는 바다이다. 오늘도 갯벌에서의 조개잡이 생각이 떠올라 왈칵 보고 싶은 친구들이다.

정이 넘치는 친구들, 흉허물없이 이야기할 수 있는 친구들, 모두들 건강하길 빌어본다. 어린 시절을 떠올리며 오늘은 곳곳에 흩어져 있는 친구들의 소식을 물어봐야겠다.

동창생 · 3

금산사 앞 금평저수지는 맑고 고요하다. 코발트 빛 바다를 연상케 한다. 벚꽃은 이미 졌다. 나는 서울에서 반가운 얼굴들이 지방 동창들을 만나는 중이다. 4월의 마지막 주 철쭉이 만발한 금산사는 시끌벅적하다.

한 달 전부터 기다리고 기다렸던 모습들이 한데 모여 얼싸안고 춤도 춘다. 몇 년 만에 만나는 반가운 얼굴들이다.

칠 년 전 심포항을 몽땅 뒤집혔던 때와는 또 다른 느낌이다. 오십 년 여 년 만에 마주하는 얼굴도 있다. 낯이 설어 잠시 누구지? 어디 살았지? 통성명을 확인하고서야 잃어버린 세월을 되찾았다. 곧바로 익숙해진 얼굴들의 옛 모습을 떠오르는 시간은 아주 짧았다. 키 작은 앞줄 내기가 훤칠해졌고 작은 얼굴이 넓죽해져 몰랐다.

점심을 먹는 동안에도 안부며 주소, 성명, 전화번호를 주고받기에 여념이 없다. 모두 티 없이 맑고 꿈 많던 단발머리 학창시절 소녀로 되돌아간다.

'야! 너!' 하며 과거 속으로 푹 빠져드니 눈물 콧물 쏙 빼놓는다. 서울내기는 서울 방식대로 김제 지방 내기들은 여기 방식대로 허리가 아플 정도로 웃었다. 시간도 들쑥날쑥해 한자리에 모이기가 그리 쉽지 않았다. 날짜 시간 등등 차질 없이 이렇게 저렇게 계획대로 22명이 이렇게 웃을 수 있다니, 오늘만 같았으면 좋겠다는 생각을 해 본다.

일흔다섯의 여인네들의 귀밑에는 하얗게 서리가 수북하다. 골골이 패인 주름과 굽은 허리, 관절로 아픈 무릎, 귀가 어두워 고장 수리에 견적이 무지하게 나왔단다. 그리하여 또 한바탕 웃음바다가 되었다. 학창시절로 되돌아가니 젊음과 늙음이 오락가락한다. 서울, 김제, 익산, 전주에서 전화가 순회하듯이 바삐 돌아 전국으로 흩어진 꽃잎들이 이렇게 팔십이 가까이에서 오니 한 바구니에 가득 담을 수 있게 되었다.

"건강을 위하여!! 멋지게 살기를 위하여!!

높이 날려 보낼 것 같은 건배 소리가 함성 같다. 모두들 황토방 찜질방을 마다하고 우리 집만 고집한다. 지방 친구들은 할 수 없이 헤어지고 서울 친구들만 봉남의 우리 집에 다시 모였다. 편하고 아늑하다. 날밤을 새웠다. 노래와 춤도 빠질 수 없었다. 윷놀이 소음이 이웃의 잠을 방해하지 않았나 싶다. 오늘만큼은 이해해 주길 바랐다.

인생살이의 괴로움을 털어놓고 며느리, 손자, 손녀 자랑이 앞 다툰다. 일등 이등을 가릴 수 없이 마구 쏟아진다.

그 시절의 선생님 이야기가 안 나올 수 없다. 별명 하나하나에 웃고 떠들었다. 청순했던 시절 속에 풍덩 빠져드니 우리를 예뻐해 주시던 선생님들이 그립다. 소식도 없다. 아마 하늘나라에서 우리를 기다리고 계실지도 모른다.

밤새 웃고 떠드니 아침이 왔다. 라일락, 철쭉, 꽃 잔디 향기를 덤으로 집에 있는 꽃나무를 골고루 나눠주었다. 꽃과 같이 곱디고운 아름다운 친구를 생각하며 잘 가꾸기를 바라는 마음이다. 언제나 꽃과 같이 아름답게 늙어가기를 소망한다.

모두 서울로 갈 채비를 하는데 만경 친구의 남편이 '토종닭을 잡아놨으니 어서 오라' 한다. "그럼 온 김에 하루 더 묵고 "갈 사람?" 하니 모두 "콜" 한다. 기쁜 맘은 가정도 일도 모두 뒤로 재낀다. 다 함께 만경으로 향했다.

가던 길을 멈추고 어릴 적 모교를 둘러본다. 감회가 새롭다. 시험 컨닝부터 예술제 뮤지컬의 주인공까지 열정적인 연기를 했던 어제 일처럼 떠오른다.

자취생활에 밥하기 싫어 쌀 한 됫박을 한가운데 놓고 뺑 둘러앉아 한 움큼씩 씹던 쌀 맛은 어찌나 고소했던가? 탈도 없이 소화도 잘되었다. 아마 그때는 돌도 씹으면 소화가 됐을 것이다.

가는 길에 모교에 들렀다. 추억을 더듬으며 회상하는 모교에는 우리는 '하나님의 예쁜 딸이다.' 라는 생활관의 글귀가 눈에 띄었다. 그렇다. 우리는 하나님의 예쁜 딸로 잘 자라 어른이 된 것이다. 이제 다시 그 시절로 돌아갈 수 없는 시점에서 멍하니 바라만 본다. 60여 년 전의 모습은 전혀 없고 새롭게 변한 건물들이 이국적이고 아담해서 좋았다. 어린 소녀들로 돌아가 또 한바탕 재잘댔다. 부푼 꿈을 다 이루지는 못 했지만 꿈을 먹고 살던 과거 속으로 푹 빠져드니 세월의 무상함이 영역하다.

뽀얀 피부도 거칠고 잡티만이 남겨져 있고 허리는 굽고 무릎은 아프고 글을 읽을 때도 실눈을 감아야 한다.

하지만 마음만을 천진스런 소녀다. 어른이 되면 애가 된다는데 정말 애나 어른이나 똑같다.

만경의 친구 남편의 배려로 밤새 떠들고 나니 벌써 이틀이 지났다. 부지런한 친구 내외의 솜씨가 묻어나는 넓은 뜰엔 이름 모를 꽃들이 우리를 붙잡는다. 예쁜 것을 보면 누구나 갖고 싶고 좋아라! 한다. 역시 이곳에서도 한 봉지씩 손에 들고 또 다시 만날 것을 기약하며 헤어져야 한다.

이박삼일의 잊지 못할 추억을 남기고 아쉽지만 자기 생활로 돌아가야 한다. 우리 집이 편안하고 포근하다고 내년에 또 아니 내후년에도 일 년에 한 번씩 만날 것을 약속한다. 만경 친구 집에서 얻어온 꽃을 대문 밖 꽃밭에 심어본다. 오가는 발걸음을 멈추게 하는 꽃향기가 풍길 것이다.

내년에 오는 동창들의 미소와 꽃이 어우러질 수 있도록 열심히 가꿀 것이다. 그래서 또 골고루 나눠줘야지. 꽃과 같이 아름답고 고운 맘씨들이 백 세까지 남아있기를 바란다. 꽃나무 한 봉지씩 든 손이 무겁게 보이지만 맘속에는 넘치는 사랑과 우정으로 다시 돌아올 발걸음이 가볍게 느껴진다.

백담사를 둘러보고

시원한 바람이 차갑게 느껴져 옷을 여몄다. 헉헉거리며 오른 산사의 모습은 생각보다 초라하고 조용했다. 전두환 전 대통령이 머무른 산사이다. 설레는 맘으로 꼬불꼬불 울퉁불퉁한 길을 2시간이 넘게 올라왔는데 나에게 안겨다 준 것은 온통 산과 계곡이다. 맑은 계곡은 신선놀음 하기 알맞은 곳이다. 전두환 전 대통령이 피신도 아닌 칩거. 은둔. 피난처 도피처. 유배지. 도 아닌 안식처이고 쉼터임에 틀림이 없다. 이곳에 머무는 동안 무엇을 생각하였을까.

깊고 깊은 산골짝 이는 번뜻 뚫렸고 절 안에는 매점. 음식점. 커피 전문점 등이 옛것과 현대가 뒤범벅이다. 이곳저곳을 기웃거리다 대통령이 기거했던 방 앞에 섰다. 옷도 걸려있고 침구 사진 등이 묘한 기분을 자아낸다. 왜일까?

여기에 있는 동안 잘 먹고 잘 잔 것은 아니겠지만 걱정. 근심. 없이 공기 좋고 물 좋은 곳에서 편하게도 살았으렷다. 백성들의 함성과 배고픔을 외면만 하고 자기 하나만을 위한 삶을 영위했을 거란 생각에 미움에 앞서 괜스레 부아가 치밀어 와 눈을 돌렸다.

하얀 돌이 많아 백담사라고 한다. 깨끗한 물줄기를 따라 돌탑들이 즐비하게 여러 갖가지 모양으로 개성들을 작품으로 세워놓았다.

그 많은 돌탑 중에 묘하게 올려놓은 것이 한눈에 들어왔다. 여러 번 쌓은 경험이 있는 듯 자세히 보니 기술적인 면이 보인다. 전두환이란 사람의 생각을 형상화한 것이 아니었을까 싶다.

사진으로 간직하고 돌아오면서 지금도 번지르르한 그의 얼굴빛이 TV에 보이면 밉기만 하다. 한 치의 반성도 없이 나라 살림을 엉망으로 만들어 놓고 내 것인 양 백성들의 재산을 갈취한 행적이 밉다.

12월이면 대통령 선거가 다가온다. 차기 대통령이 누가 되든 전두환은 닮지 말기를 빈다. 그런 식으로 나라를 이끌어간다면 백성들은 누구를 믿고 살 것인가.

민심을 읽으며 태평성대를 이루는 그러한 영도자는 과연 누구란 말인가.

2012. 9. 30 추석

5부

가을을 수놓고

대 명절

조상을 모시고 부모를 만나러 가는 길 여기서 우린 과연 누구를 보러 누구를 위해 복잡하고 짜증 나는 교통 체증을 맛보면서까지 명절을 맞이해야 하는 건지 우리의 숙제로 삼고 싶다. 인간 대 이동이 벌어지고 있어 거리는 온통 혼잡을 이루고 사람보다 차로 가득하여 길을 막고 있어 우리의 대 명절이 즐거운 명절이 아닌 고통과 혼잡과 짜증으로 뒤범벅이 되고 있는 현시대 속에서 우리는 어떠한 조치를 해야 할지를 몰라 고심을 하고 있는 현실이다.

땅은 좁고 인구는 많고 경제는 빈약하여 빈부의 차이가 엄청나게 나고 있지만, 개개인의 사는 모습과 자기만의 만족도는 아마 최상일 거라 믿는다.

사는 방식이 다르고 생각이 다르고 할 수 있는 일은 다하고 싶은 욕망은 가득하고 갖가지 범죄의 무덤에서 불안과 초조로 우리는 초긴장을 잃지 않고 있기 때문이다.

그럼에도 불구하고 하고자 하는 일을 할 수 있는 우리 자유

민족이기에 간섭받지 않는 탁월한 자유를 누릴 수 있는 특권이 있고 특혜를 받고 있지 않은가.

현대판 명절이 요즈음 유행이다. 가족이 모두 여행으로 아니 해외까지 원정을 택해 거리 아닌 하늘을 나르고 차례는 아예 주문해서 차리고 아니면 모든 음식을 그려놓고 하는 행위에 조상이 어디로 가야 할지 몰라 헤매다가 갈피를 못 찾고 허둥댄다는 우스운 이야기와 현대식 지방은 '부모님 사망 기념일' 이란 간단한 지방문 속에 웃지 못할 사연은 무엇을 배워야 할지 무엇을 가르쳐야 할지 순서부터 헷갈리고 있다는 것이다.

하나 더 우리의 고유의 음식이 아닌 외국산이 판을 치고 있어 대대로 내려오는 맛과 전통이 사라지고 있고 자식이 부모를 찾는 일은 번거로우니 자식을 찾고 내려오는 길보다 올라가는 길이 더 번잡하다는 일이다.

뼈대를 찾기가 힘들고 조상의 얼을 찾는 일이 멀어지고 있어 웃어른의 자리는 없어지고 위계질서는 더더군다나 사라진 지 오래다. 얼마 전만해도 온 가족이 한데 모여 송편을 빚고 윷판에 웃음소리가 가득했던 산소마다 울긋불긋 꽃동산을 이를 만큼 온통 사람과 사람 그리운 얼굴들 인사마다 웃음꽃이 피고 정겨운 우리네 풍속도가 그립고 또 그립다.

예전의 친구 친지 대 명절이면 만날 수 있어 좋고 이야기에 푹 빠져 밤새도록 즐기던 일 어릴 적 새 옷이 마냥 좋았던 아껴 입고 간직했던 추억이 저만치서 손짓을 하는 것 같은 추억이 새록새록 생각나는 대명절을 통해 그리움이 가득 하는 세월이 되었다.

현대식 명절이고 보니 살아져 간 풍속이 잊히고 어리둥절 이것인가? 저것인가? 갈피를 찾지 못하고 어떠한 문화에 속해 있는지 모를 지경이다.

온 가족이 밥상에 둘러앉아 오순도순 정겨운 모양새가 봄내 여름내 땀 흘려 가꾼 음식으로 맛을 내고 먹고 올망졸망 싸들고 가는 자식들을 보내며 또 내년의 맛과 멋과 가족의 행복을 기원했던 명절의 그림을 그려본다.

조상이 있어 우리가 태어났고 부모의 가르침과 보살핌으로 한 인격을 가진 우리들이다.

아무리 현대식이 좋다 해도 쉽고 빠른 시대에 살고 있는 형편이지만 분별력으로 좋은 것은 좋은 것이고 나쁜 것은 나쁜 것이다.

하나하나 골라가며 가려서 버릴 건 버리고 취할 건 취해야 될 것이며 범죄 없이 태평성대를 이루는 우리의 삶이 됐으면 좋겠다.

명절을 통해 보다 더 밝고 맑은 명랑하게 웃을 수 있는 우리 고유의 풍속도를 나 혼자만이 설계를 해보면서 이번 대 명절 추석을 멋지게 지냈으면 좋겠다.

2012. 추석

가을을 보내면서

시월의 마지막 주말 친구들과 산행을 했습니다. 참 멋진 시간이었습니다. 구름 위를 산책하듯 그림처럼 펼쳐지는 상사화를 밟으며 행복한 시간을 회상했습니다. 이산에서 저 산으로 깊은 밤 속을 걸었습니다. 험난한 산길도 있고 민둥산도 있습니다.

민둥산 억새가 결정을 이루고 빼어난 자태를 뽐내며 첩첩산을 황금빛으로 일굽니다. 억새마다 너울춤을 추는 은빛 시월의 마지막 주말을 만끽했습니다. 물론 나는 높은 산은 오르지 못하고 바라만보고 있었지요.

낙엽이 수놓듯 우수수 떨어지는 찬바람 속에서 차곡차곡 흘러간 아름다운 청년기를 생각했습니다. 되돌릴 수도 없는 시간입니다. 친구들과 내년 봄을 약속하며 작별했습니다. 해어지는 굵은 손등을 투박하고도 무겁게 토닥였습니다. 햇살을 머금은 억새가 어릴 적 기억을 굵은 선으로 긁고 갑니다. 세상의 어려움 풍파를 해넘이처럼 가을바람에 날려버리고 싶습니다.

그 시절에는 오롯이 황금 물결이 일렁이는 담벼락 밑에서 고운 색으로 가라앉은 가을 산처럼 마음에 고운 산처럼 곱게 옷을 입혔지요.

부여의 고란사와 낙화암도 다녀왔습니다. 백제의 혼이 살아 있는 듯했습니다. 백마강 푸른 물에서 그 옛날 삼천 궁녀들의 울음을, 낙화암에서는 나라 위한 일편단심이, 푸른 물에 뜨는 것을 쓸쓸히 바라보았습니다. 강 건너 들판은 부서지는 가을 햇살에 풍요로움으로 익어가고 밤은 넉넉하게 깊어갔습니다.

오늘은 겨울준비를 해야겠습니다. 세월은 흐르는 물과 같다고 더러는 말을 합니다. 정말 빠릅니다. 꽃향기가 가득하고 아름답던 화단에는 늦게 핀 장미와 국화만이 덩그러니 남아있습니다.

낙엽을 쓸고 화단 정돈을 했습니다. 향기를 뽐내던 화분들을 들여놓으며 겨울 채비를 하는 내 마음이 어쩐지 그리움인지도 모를 외로움에 젖습니다.

무거운 화분 옮기느라 힘이 들었습니다. 값비싼 것도 아닌데 새봄에 필 꽃 한 송이를 보기 위해 흙을 털고 닦아 옮겨 놓았습니다. 우수수 떨어진 낙엽을 쓸어버리며 무상함을 느꼈습니다. 견딜 수 없을 만큼 허무하고 사무치게 혼자였음을 느꼈습니다.

봄내 가꾸었던 나의 제일 화려한 꽃밭을 지켜봅니다. 나팔꽃이 뒤얽혀 헝클어진 무더기를 걷어냅니다. 고운 꽃이 필 때는 그렇게 화려하고 멋진 나팔꽃이 수명을 다하니 앙상하게 이리저리 뻗어 철망을 휘감아 엉망이었습니다. 엊그제 초록이 살찌운 봄 향기가 파란 물을 머금었는데 오늘은 노랗고 빨갛게 물을 들여 그리움에 젖게 합니다. 말끔하게 치웠습니다.

장미도 화려했던 봄의 자태는 어디 가고 낙엽은 나뒹굴었습니다. 듬성듬성 피어있는 나머지 꽃마저 초라해 보였습니다. 라일락의 잎사귀는 다 떨어져 어지럽게 밑바닥에 제 멋대로 입니다. 남아있는 잎새마져 다 떨어져 버렸습니다. 가을이 멀어져 갑니다. 세월을 뒤로 한 채 뒤돌아볼 새도 없이 빠른 눈발 아래 고개를 숙이고 있습니다. 휘황찬란했던 그 모습이 너무도 초라해 보입니다.

그렇지만 하얀 세계를 만드는 비법으로 온 자연을 깨끗한 눈으로 덥힐 때면 검은 세상을 하얗게 만드는 재주를 부릴 것입니다. 몸과 마음을 하얗게 색칠할 준비를 해야겠습니다.

따스한 아랫목을 그리워하며 추움과 따뜻함의 가름 길에 앉아 낙엽을 태워 구들을 덥히고 싶습니다. 두툼한 옷과 사랑의 그림자가 항상 뒤따라 다니는 길목을 휘파람 불며 활보하려 합니다. 모두의 정을 쌓는 담벼락의 햇살에 옛정도 얹어 보려 합니다. 오순도순 도란도란 정겨운 입담에 가는 정 오는 정을 높이 쌓아 탑을 올릴 겁니다.

온 세상이 화평을 누릴 하얀 겨울을 채비하는 나는 고단한 몸을 열심히 움직였습니다. 시월의 마지막이니까요.

가을을 수놓고

봉숭아꽃을 따는 손길도 씨앗을 따는 손길도 지나가는 사람도 어린아이들도 톡 하고 터져가는 씨앗 종족을 퍼트리기에 여념이 없는 봉숭아에 먼저 손이 간다. 강냉이 대를 휘휘 감고 올라 하얀색, 보라색, 남색들로 어우러져 나팔꽃은 더할 나위 없이 자연 그대로다.

코스모스 사이사이로 고개를 내민다. 큰 나팔꽃은 숨어서 피는 습관이 있나 보다. 봉숭아는 노후가 돼서도 축 늘어진 가지에 열심히 꽃을 피우는 모습이 생명력이 질기어 삭으라 질 때까지 꽃을 피우니 대단하다.

맨 앞줄 채송화는 벌써 생을 마감하고 낙화진 모습이 안쓰러울 정도이지만 반면 과꽃이 뽐을 내어 활짝 핀 모습이 갖가지 색이 조화가 되어 굉장히 화려하고 예쁘다.

뒤이어 코스모스도 뒤질세라 꽃망울을 터트리고 저절로 자란 호박꽃도 덩달아 노란색을 자랑이나 하듯이 피어 영글어가는 가을날 쾌청한 날씨에 더불어 풍성한 한가위를 빛내고 있다. 오곡도 영글고 꽃들도 영글어 가고 있다. 노랗게 고개 숙인 벼 이삭 옆에 깻잎이 기분 좋은 향기를 내뿜고 있으며 논두렁에 심은 고추도 탐스럽게 붉은빛을 토해 내고 있다.

나의 봄 여름날의 땀 냄새가 미완성인 꽃동산이 이번 추석을 반기는 귀성객들의 시선을 모아 향기를 선물하고 있으니 기분은 말할 수 없이 좋으며 풍성한 가을날의 행복이다.

성묘에 가족들과의 즐거운 발걸음을 늦게 익은 강냉이의 고소함에 녹아내리고 반기는 가족들의 웃음소리도 크게 이웃 담 너머로 길가에도 넘쳐난다.

올 추석은 둥근 달이 더 크게 우리를 비춰주어 축복의 명절로 반기는 듯하다.

조상들의 얼을 되새기고 오랜만에 마주하는 귀성객들과도 인사가 반갑고 훈훈한 시골의 정취가 물씬 넘친다.

나의 길가 꽃동산에 눈길들이 오간다. 여유 있는 미소가 함박 웃음을 자아내 보고 또 보고 향기에 취해 가을을 수놓고 있다. 가을 향기에 취해 이 시간에 이야기를 누군가와 나누고 싶다.

2014. 9. 8 추석

친절

기차를 타고 서울 나들이를 한다. 사람들이 북적대는 지하철 노선은 혼란스럽다. 계단을 오르락내리락,

1호선인지, 2호선인지,

오른쪽인지, 왼쪽인지, 분간하기 힘들다.

'역시 옆 사람한테 물어봐야 쉽겠지,' 용기를 내서 촌티나지 않게 조용히

'거기를 갈려면 어디로?'

'1호선은 어느 방향인지?' 우선 젊은이에게 달려간다. 무작정 모르고 타면 다시 갈아타야 되고 시간이 걸린다. 제시간에 도착하지 못하면 난감하기 다 반사다. 시간 내에 도착하지 못하니 짜증도 나고 그래서 택시를 타면 또 편하긴 하지만 길엔 차 행렬에 대로가 막혀 시간을 더 벌어오는 짜증을 불러오는 상태로 변하여 더 멀어진다.

이 고단한 서울 나들이를 해야 할 일이 생기면 항상 두렵다. 지하철에 익숙지 못해서 동반자가 있으면 걱정 없이 편리하게

다녀올 수 있지만 때로는 혼자서 다녀와야 할 때는 곤욕을 치른다. 얼마 전 행사에 참석하기 위해 기차를 타고 지하철을 탔다. 목적지를 잘 알고 출발했지만 어디서 내려 어디로 가야할지 몰랐다.

마침 젊은이가 자세히도 목적지까지 동행을 해서 다행이었다. 복이 많은 날이다. 안내며 동행까지 해주는 사람을 만나 목적지까지 도착하니 얼마나 고마운지. 난 그녀를 보고 친절한 안내양이라고 불렀다.

각박하고 자기만 아는 세상에 친절한 분도 있어 아직도 이 사회가 살만하구나 하는 생각이 든다. 내심 더 오래오래 살아야 되지 않을까 하고 고민 하고 있는 중이다. 내 맘대로 되는 것은 아니지만, 맘 한구석에 넉넉함이 앉아있는 것을 느꼈다.

문득 둘째 딸아이의 여렸을 적 모습이 떠오른다. 몹시 무더운 여름날 동냥을 하려온 걸인이 손수건을 떨어트리고 가버렸다. 그 손수건을 돌려주기 위해 온 동내 집집마다 돌며 겨우 찾아주었다고 헐떡거리며 땀범벅이 가 된 아이는

"손수건이 없으니 찾아주어야 땀을 닦지" 하는 것이다.

그 어린 마음이 어찌나 고마운지. 더위에 지친 걸인을 위해 몸소 행동으로 친절을 베푼 것이다. 지금까지 계속 그 마음을 저버리지 않고 있는 것을 본다. 세 살 버릇 여든까지 간다는 말처럼 추위에 생계를 이어가는 노점상 할머니를 돕겠다고 딸아이는 꼬박꼬박 대학 자취생활 시절에도 노점상을 찾는다. 아름답고 착한 맘씨가 잠재적으로 있었는지도 모른다. 유학시절

같은 룸메이트가 아프면 밤새 병간호하느라 학교를 지각하기까지 했다고 한다.

이번 서울 나들이에서 받은 젊은 애기 엄마의 친절은 딸아이의 덕인가 싶다.

진심 어린 길잡이로 나선 그 친절함이 항상 이 사회를 밝힌다는 것을 느낀다.

젊은이한테 무엇이라도 손에 쥐여주고 싶었는데 극구 사양을 해서 마스크라도 하나 사줄 걸 그냥 보낸 것이 맘에 걸린다. 굉장히 추웠는데 바람도 많이 불고 …

지하철 안에 학생들은 졸고 있다. 피곤에 지쳐있고 어른들은 환한 미소가 보이질 않았다.

새해에는 금연. 금주. 도박. 같은 절제를 해보려고 더러는 시작한다. 작심삼일로 끝맺음하는 이도 허다하다. 반면 열심히 분투노력하여 좀 더 잘살아 보려고 더 건강하려고 안간힘을 다해 성공하는 이도 있다. 뒤처진 실력 머리띠를 두르고 입시 합격의 승리를 얻을 때 그 쾌감이란 말 할 수 없겠지?

무사히 친절한 분을 만나 행사를 마치고 돌아오는 길은 무척이나 발걸음이 가벼웠다. 오늘의 친절함이 나의 추위를 녹이는 훈훈한 안방처럼 느껴진다. 나도 내 아이들도 혹은 우리 모두가 도움을 줄 수 있는 선두자로 앞장서야 되지 않을까.

이 나이에 무엇인가 해보려고 노력하는 자신을 뒤돌아보며 배움은 즐거움이고 두려움이 아니라는 것을 깨닫는 순간 이런 추위를 이겨내듯 나는 나의 포근한 사랑의 맘으로 나를 감싼다. 포기하지 않고 그 젊은이의 친절함을 생각하며 나도 뒤늦게라도 누군가의 길잡이로 쓰일 것을 가다린다. 그렇게 친절을 몸소 실행하고 싶다.

칭찬

"예뻐졌네." 하면 정말로 예쁜 줄 알고 "이 옷이 너무 어울려 곱다" 하면 정말로 그 옷이 제일 좋은 줄로 알며 '머리 스타일이 아주 어울리고 젊어 보인다.' 하면 정말로 그런 줄 안다. 칭찬에 약해도 너무 약한 나다.

이거 쓰면 허리도 안 아프고 다리도 좋아지고 만병통치인 것처럼 설명하면 귀가 쫑긋하고 구입을 한다. 이 약은 정말로 진짜로 피로감도 없고 입맛도 좋고 어지럽지도 않다고 하면 그냥 무너져 버린다.

번번이 그렇게 넘어가는 나를 우리 아이들은 "또 동남풍이 불었구먼" 한다. 그럴만하다. 매번 다 낫는 것도 아닌 것을 알면서도 이 약이 다 좋고 치료제도 아닌 것을 뻔히 알면서도 속아 넘어가고 귀가 번쩍 뜨인다. 워낙 약한 몸이기에 그렇지 않나 싶다.

알면서도 그렇다면 맘과 몸을 단단히 다스려야 하는데 그렇게 되질 않으니 항상 생각은 아니면서도 솔깃하게 칭찬하며 치켜 주면 그걸 믿어버리는 나도 한심하다.

노인 천국으로 변해간다고들 말한다. 영양이 많은 것을 골라 먹고 좋은 것을 취하고 보니 수명이 길어져 노인들이 많아진 것 같다. 그래서 나만의 조치를 생각해 본다.

수명을 한계를 지어 어디까지만 살 수 있다는 법이 있다면 좋지 않을까, 그래야만 노인복지 사업에도 손실이 적어질 것이고, 구구 팔팔 할 수 있다면 할 말은 없지만, 많은 질고와 싸우면서 고생하느니 이런 방법을 만들었으면 좋겠다. 적극 추천을 해 보고 싶다. 나처럼 속지 않아야 되기 때문이다.

할머니의 갖춘마디

버스에 오르는 할머니는 지팡이부터 툭 던져놓는다.

찌는 듯한 여름날 땀을 연신 닦으며 앞 단추는 미처 잠그지도 못한 채 헐래 벌떡이며 시간에 쫓긴 듯하다. 옆자리를 내드렸다. 자리에 앉자마자 가방을 뒤지더니 베지밀 하나 꺼내 들어 단숨에 빨대로 들이키신다. 지갑을 열어 차비를 내고 땀은 비 오듯 줄줄 흐른다. 열어 재낀 웃옷 단추를 잠가드렸다.

"고추를 따느라 아침도 못 먹었어."

"병원은 가야 되고, 토요일이라 오전에만 진료를 하잖여." 바삐 서둘렀다며 혼잣말처럼

"영감도 앞세우고 아들도 앞세운 사람이 얼마나 산다고 이렇게 사는지 몰라." 그런 다음에 밥알이 덕지덕지 붙은 찐 강냉이를 반을 뚝 잘라 주며

"먹어봐 찰 강냉이여 맛나." 하며 내민다.

"밥 위에 쪄서 밥알이 붙었어."

"아침도 못 드셨으니 어서 천천히 드세요."

"이빨도 시원찮어서 빨리 못 먹어." 그래도 한 자루 모두 드셨다. 무척 시장 하신 듯싶다. 베지밀과 강냉이로 간단한 아침 식사는 끝났다. 아마 가방에는 항상 필요한 것은 넣어 두는가 보다. 그러니까 바쁜 와중에도 양말이며 시계며 팔 토시까지 착착 꺼내면서 먹을 것까지 완벽하다. 준비성이 철저하다.

도착지점에 내리시면서

"아프니 주사라도 한 방 맞아야지, 댁은 어디 가쇼?"

"예, 저요, 볼일이 있어서요. 저도 여기서 내립니다."

우리는 이렇게 헤어졌다. 가시면서도 연신

"빨리 가야지, 문 닫기 전에" 한다.

"병원 조심해서 다녀가세요."

"오후에는 좀 쉬어야지. 아이고, 죽겠네." 혼잣말을 누가 듣는 말든 하신다. 30여 분간의 만남은 짧지만 바쁜 중에도 철저하게 건강을 잃을까 봐 먹을거리까지 챙기시는 할머니는 아마도 백 살은 훨씬 넘게 사실 것 같다.

흔히 바쁘다 보면 미처 챙기지 못하고 놓고 오거나 빠지거나 하는데 할머니는 완벽주의로 보인다.

"아침에 일을 해야지, 낮에는 큰일 나, 더워서 아무것도 못혀." 시원할 때 서둘렀다는 할머니의 생활상을 엿볼 수가 있었다.

똑똑해서 큰 걱정거리도 뒷방 차지도 않을 것 같다는 생각을 했다. 괜한 남 걱정을 하고 있었다. 내가 염려해서 어쩌라는 것인지는 모른다. 힘겨운 병마와 느릿한 행동에서 오는 여러 가지 불편함이 더 늙기를 재촉하기 때문이다. 아마 못갖춘 마디일까?

짐은 없다. 달랑 가방 하나 지팡이 하나지만 빠진 것이 없어 보인다. 언제라도 다가올 어려움을 대처하는 준비 자세가 나를 억누른다. 나는 한참이나 달려가야 할 것 같은 생각을 한다.

돌아오는 오후에 소나기 후드득 한 줄 내렸다. 차창 밖은 강한 햇살에 지쳤던 초목들이 파릇하게 살아나 춤을 추는 듯하다. 소나기가 반가운 오후다. 오전에 갖춘마디의 할머니를 보며 나를 돌아보았다. 소나기 덕에 생기를 얻은 초록 잎을 다시 보여주는 자연의 섭리에 감사한다.

찐 강냉이 하나에도 던져버린 지팡이를 다시 집어 의지로 삼는 할머니의 힘겹지만, 씩씩한 삶을 더위를 식혀주는 소나기 같이 나도 누구의 청량제가 되고 싶은 여름날 오후다.

손녀 졸업기념

올 들어 기온이 제일 많이 떨어진 날이다. 영하 6도 7도를 웃도는 날씨에 예정된 강원도 속초를 가는 길은 생각보다 그리 춥지 않다. 눈도 비도 없어 매우 맑은 날씨가 우리를 반갑게 맞는 듯하다.

신세계리조트에 여장을 풀고 속초를 내려다본다. 추위 속에서도 즐거움이 한층 고조된다. 뺨에 스치는 바람마저도 숨결에 부딪쳐 따뜻하다.

손녀의 고등학교 졸업여행길은 손녀의 부푼 마음 따라 덩달아 나도 즐겁다. 이것저것 맛난 음식들이 즐비하고 볼거리도 많아 기운도 차리고 힘든 줄을 모르는 것 같다. 낙산사. 영금정. 설악산. 권금성. 신흥사. 강릉 앞바다에 세찬 바다가 파도가 흰 물결을 이루는 모습은 바다가 아닌 은물결 같다.

딸을 위해 강원도에서 부산까지 운전을 하는 부모는 힘들어도 내색하지 않고 모든 요구사항을 들어주는 모습을 보며 정을 애틋하게 느껴 보았다. 가족의 사랑으로 서로 아끼며 염려하고 특히 할머니를 챙겨주는 배려가 퍽 철들어 보였다.

내년이면 큰 손녀는 대학을 졸업을 한다. 올해 고등학교를 졸업하는 두 손녀는 항상 철없이 부모의 노고를 몰라주는 것 같아 내심 언제 부모의 수고를 덜어 줄까 했었는데 여행 중에 보는 손녀의 철이 들어도 아주 많이 들었다. 방학 중에 아르바이트도 하고 나름대로 열심히 공부해서 수시합격의 영광을 얻었고 언니는 동생 등록금도 보태고 졸업 선물까지 마련하는 것 보고 매우 기뻤다.

대화도 여러 방면에 다식하다. 나도 재 사회화로 다가가 더 현 사회를 인식하며 젊은이와 더불어 대화도 많이 해야겠다는 생각이 들었다.

그동안에 많은 것을 보고 듣는 가운데 인생 공부를 많이 해서 철든 면을 보니 시집가도 살림을 잘할 것 같은 예감이 든다.

부산으로 내려왔다. 광안대교의 야경은 휘황찬란하다. 아름답고 곱다. 해운대 근처에는 볼거리 먹을거리가 풍부하다. 자갈치 시장, 국제시장, 영도대교, 영화의 거리, 센텀씨티 등 부산 속의 부산시가 또 하나 있는 듯 했다. 나의 젊은 시절에 있던 건물 거리는 온데 간데 보이질 않고 완전히 딴 세상을 보는 것 같았다. 영도대교의 큰 다리가 올라가는 거대한 모습은 장관을 이루었으며 센텀씨티는 고가품으로 가득하여 눈이 부셔 볼 수가 없었다.

하도 많이 보아 눈도 아프고 다리도 아프다.

먹자골목엔 손녀가 좋아하는 먹을거리가 즐비하여 실컷 맛보고 즐겼다. 부산에 가고 싶다고 졸라서 온 터라 매우 좋아한다.

동백섬엔 동백이 피었고 철쭉도 피었다. 강원도와 기온 차가 심한 것 을 실감 나게 한다. 딸을 위한 부모의 큰 딸네 식구와 더불어 손녀 졸업 여행 기념 덕에 좋은 날씨 속에서 무사히 다녀온 것 같다.

다녀온 이튿날 강원도 동부지방에 1미터의 눈사태가 났다는 뉴스를 보고 아찔했다. 하마터면 오도 가도 못 하는 지경이 빠졌을지도 모를 일이니 안도의 숨을 내쉬었다.

돌아와 감사함으로 다행히 오늘 졸업식에도 참석하였다.

축하해 주는 할머니 작은 할머니 작은 할아버지들도 참석해 가족의 돈독함이 더해 매우 화목함을 보였다.

마지막 식순에 축제의 한마당은 학생들의 재치 있고 재미난 꽁트며 랩. 비트박스. 힙합. 현세대의 면모를 보여주어 아주 뜻있고 좋은 추억의 분위기를 만들어 주었다.

우리 시대와의 다른 면을 보았다. 예전과의 다른 면은 긴 머리며 메이크업까지 한 모습들은 숙녀티가 났고 헤어지기 싫어 슬픔에 눈물까지 보였던 우리와는 달리 생기발랄한 마침이 아닌 새로운 도전의 혈기 왕성함이 넘쳐흐르는 듯하여 나의 중학교 일학년 때의 기억이 난다. 귀밑 일센티미터 눈썹 일센티미터의 단발머리를 찰랑대고 절도 있고 규율 있고 선배를 깍듯이 대접했으며 가차 없이 어기면 머리를 싹둑 잘라버리는 일이 벌어지는 일 그래서 울고불고 했던 기억이 떠오른다.

추억의 메모리를 주고받아 언제 만날까 하고 염려에 약속하고 다짐하는 아득한 어린 시절이 시야를 가렸다. 대학 시절을 보람차게 알차게 학업에 열중하여 많은 지식을 쌓아 사회에 좋은 일꾼으로 이바지하기를 빌었다.

배움에 끝이 어디 있겠는가 죽을 때까지 배우고 익혀야 되는 것을 사회생활 첫걸음에 끝없는 배움의 연장이리라. 그래도 항상 만족치 못 하고 부족해서 허우적거리며 뒤 돌아보며 후회하는 일들로 꽉 차 있으니 만족도는 어디에 두어야 할지 모르겠다. 오늘 졸업식에서 새로운 도전을 하는 저 젊고 아리따운 여학생들이 이 나라의 기둥이 되기를 또 한 번 빌어본다.

이 시간을 세월을 함께 하는 돈독함이 묻어나 고맙고 즐거운 날이 되었다.

자연과 더불어 인사를 나누고 펼쳐 볼 때마다 바라볼 수 있는 사진첩으로 추억을 쌓았고 돌아보면 힘겨웠는데 옛이야기 듣는 겨울밤이 그리워 질 것이다. 또 다른 길을 가며 길을 묻고 앞날을 설계할 것이다. 두 손녀는 힘든 부모에 대한 지극함이 돋보였고 집에 돌아와서도 집안일을 거든다. 예쁜 모습과 철든 모습에 내 마음을 흡족하게 해줘 오늘 졸업하는 손녀에게 더 많은 용돈을 주고 싶다.

2014. 2. 7 손녀 졸업기념 여행

묘 관리

무성한 잡풀들의 합창 소리가 가까워져온다. 한눈에 봐도 나무인지? 풀인지? 분간하기 어렵다. 기가 막힐 지경이다. 여름날 잦은 비가 거름이 되었나? 잘도 자란 풀들이 거슬린다. 자주와 찾지 못해 죄송하고 미안하고 부끄럽기 짝이 없다.

하루속히 어떤 결단을 내려야겠다. 이런저런 핑계로 차일피일 미루고 있으니 염치없고 엄두가 나질 않는다. 조상부터 내려오는 묘 관리가 수월치 않다. 매년 성묘 때마다 납골장 아니면 수목장 예기가 나오고 있다. 땅도 비좁은 나라에서 묘 관리는 정말 힘들다. 벌초하고 성묘하는 것이 임무이지만 어린 후손들은 번거로운 일이다.

영혼이나마 훨훨 날아다니는 자유로움을 주고 싶다. 묘역을 아름답고 깨끗하게 보존키 위해서 별별 치장이 등장한다. 진귀한 나무와 꽃들로 장식을 하는 사람들도 있는데 정말 영혼을 위해 좋은 방법인지 잘 모르겠다. 좁은 땅이 몸살을 앓고 있다.

부시고 또 세우고 여기저기 건물들이 올라가는가 하면 어느 날 다시 헐고 만들고 뒤집고 하는 바람에 묘지는 규제도 많다. 세상을 하직하면 땅속에 묻히고 싶지 않다. 바다에 뿌리거나 수목장으로 나무 밑에 누워서 새소리를 듣고 싶다. 봉안묘에 들어가면 친구가 많아서 좋겠다. 칸 칸마다. 들어선 낯선 이웃을 새로 사귀어 영혼의 침묵을 나누고 싶다. 이 세상 어지러움보다 더할까. 지옥과 천당을 가름할 생각을 하면 골치가 아프다.

우리 영혼이 영원하리라곤 믿을 수가 없지만 그러나 깨끗하게 맑은 영혼으로 지상의 밖을 바라보고 싶다. 죽어서도 눈만은 더 밝았으면 좋겠다. 미래의 밝은 내 모습이 보고 싶다.

제발 나의 생명이 이 세상을 하직하면 소각을 하여 하늘에 뿌려달라고 부탁하고 싶다. 오염도 줄이고 땅을 차지하지도 않고 후손들의 일손도 덜어서도 좋은 일이니 먼 데서 산기슭까지 오가는 문제거리도 줄이고 여러 가지로 좋을 것 같은 나의 주장이다. 벌초를 할 때마다 힘들고 번거롭다. 이 수고로움을 덜 수 있는 방법을 찾아서 고민하고 노력해 봐야겠다.

한복

친척 결혼식 날은 가까워오는데 눈보라 치는 추운 겨울준비도 채 못 한 채 다가오는 잔칫날이 자꾸만 마음에 걸린다. 가서 손을 보태고 참석도 해야 되는데 연말행사며 허리 아프다는 핑계로 뒤늦은 시간에 얼굴을 내미니 미안하고 민망하다. 그래도 반겨주니 오히려 쑥스럽기까지 하다.

인사치레로 얼굴 내미는 게 아니다. 가족의 한 사람으로서 반가운 친척들도 만나는 계기가 되는 잔칫날은 가족의 화합을 돈독하게 이루는 날이다.

이 핑계 저 핑계로 멀리 있는 친척들은 보이질 않아 서운했지만 못 오는 그 심정은 어쩌겠는가.

큰조카는 외국에서 사업을 한다. 열정적으로 사는 것 같아 보기에 좋았다.

"형님 이번 결혼식만 끝나면 두 다리 쭉 뻗고 잘 것 같아요."

아랫동서의 푸념이다. 힘든 생활을 엿볼 수 있었고 마지막 잔칫날이 무척 힘들었을 것이다. 젊고 예뻤던 모습이 푸념으로 변했다.

예식장은 축하객들로 북적거렸다. 그리 춥지 않아 좋았다. 친지들 가운데 웃어른들은 하나둘 떠나고 몇 만 남아 참석하는 얼굴이 자꾸 보이질 않아 인생의 허무함을 느끼게 한다.

예식장에서의 예란? '한복을 입는 것'이라고 생각이 들었다.

큰어머니가 한복도 입지 않아 미안했다. 개량 한복이나 정통 한복의 우아하고 섬세한 화려함을 보였더라면 좋았을 것을…

아름다운 모습들인데 귀찮고 거추장스러워 차려입지 못했다. 기념 촬영이나 폐백 때도 예를 갖추지 못한 것에 대해서는 미안하게 생각이 든다. 하지만 모든 사람들이 꼬박꼬박 예를 갖추고 사는 사람이 과연 몇이나 될까?

예쁘고 섬세하고 아름답기 그지없는 반면에 어쩔 수 없이 편리한 복장으로 나선다.

새신랑 새색시의 인생 첫발을 진심으로 결혼을 축하했다.

자꾸만 화려해지는 오늘의 결혼식장이다. 갖가지 한복 패션 행렬에 끼지 못해 아쉽다. 예를 갖추고 산다는 것이 그리 쉽지는 않다. 한복의 중요성을 다시 한 번 깨닫게 하는 잔칫날이다.

2014. 12. 6 동섭이 결혼식 날

설 명절을 맞으며

설 명절이 다가온다. 며칠 전부터 괜스레 마음부터 바쁘고 무엇을 어떤 것으로 맛있는 음식을 할까 생각하니 미리부터 나를 억누른다.

감기 기침에 고통이 심했기 때문인지 고단하고 피로가 쌓여 맛도 기력도 상실했기 때문일까, 아침부터 해야 할 일은 많고 내버려 두자니 그렇고 아무것도 준비를 하지 않으면 딱 좋겠는데 아이들이 오면 어떤 것을 맛있게 먹여야 할지. 좋아하는 식구들의 모습을 그리며 힘을 내어본다.

우선 사골을 고아놓았다. 그것도 매우 힘들었다. 수돗가를 왔다 갔다 하면서 가까스로 끝냈다. 가스를 써야 하기 때문에 번거롭다. 냄새나는 음식은 주방 안에서는 냄새가 오래 베이기 때문에 그래서 밖에서 허다히 한다. 식혜와 멸치조림도 해놓고 마른반찬도 해놓고 갈비도 재워놓았다. 그럭저럭 마늘 고동도 생채도 했다. 나물류는 즉석 음식이기 때문에 준비는 했는데 막상 전을 부치려 하니 하기가 싫다.

며느리가 일찍 오면 해야지 하고 미루어 놓았지만, 아직도 오질 않는다. 항상 늦게 오기 일수다. 먼 데서 오기 때문에 할 수 없이 내가 해야 하는가 하니 모든 것이 미루어지고 멍하니 손을 댈 수가 없다. 전을 부치는 일이 싫어진다. 기름음식은 손길이 많이 가기 때문에 그러나저러나 기름기 있는 음식은 나는 소화도 잘 안 되고 그래서 더욱 싫다. 오후가 됐지만 아무도 오지 않는다. 어쩐다. 할 수 없이 내가 해야 한단 말인가. 주섬주섬 계란도 갖다 놓고 부침 가루며 재료를 하나씩 하나씩 챙기면서 부아가 끓는다. 이제 칠십이 넘은 내가 며느리도 있는데 항상 나 혼자서 해야 하나 하는 생각에 짜증이 난다.

맛있는 음식을 함께 도란도란 만들면 재미난다. 푸짐하게 마련해 놓고 식구들이 한자리에서 웃음 지으며 먹고 마시고 옛이야기와 조상의 얼을 되새기며 본받을 점을 이어받고 버릴 것은 버리고 배우는 즐거운 대명절이다. 그런데 애써 웃음을 지으려 해도 한심하기만 하다. 내 몸 아프면 만사가 귀찮아진다.

준비가 문제지 막상 하면 아무것도 아닌데도 기운도 없고 입맛도 없어 먹지를 못하니 더욱 그러는 것 같다. 아직은 내가 해야 하는 처지인 듯싶다.

서둘러 시작해 보자. 아이들 오기 전에, 내가 아니면 누가 하겠는가. 미루지 말고 어서 해버리자. 준비가 중요한 것을 나는 항상 모른 채했던 것이다. 미루지 말고 내가 할 일은 내가 하자. 대신해줄 사람도 없는데 어서 준비하자. 그냥 손이 가는 대로 움직여 본다.

재미없다. 흥도 물론 없다. 기쁨도 없다. 좋은 기분으로 좋은 감정으로 음식을 만들어야지. 마음을 다잡고 기력을 찾아 움직여 본다. 다행히도 오후 늦게 도착해서 음식을 만드는데 손이 빨라 후다닥 해버렸다. 마음이 후련하다.

같이 함께하기 때문에 빨리할 수 있고 같이 하니 또한 힘도 덜 들고 없던 흥도 나고 좋은 감정으로 재미나게 음식을 만들 수 있어 좋은 기분이 든다. 하여간 올 설 명절은 감기 때문에 몸도 맘도 고생이 심한 명절이다.

축제

뜨거운 태양 아래서 축제장을 찾는 이의 도움을 주기 위해 이른 아침부터 늦게까지 차량 봉사에 임하고 있다. 앞 다투어 서로 먼저 타려는 맘 서둘러 맘이 앞서는 이유는 빨리 가보고 싶고 맘부터 급하기 때문일 것이다. 순서대로 천천히 줄을 서서 노인들의 거동 불편한 것을 도와주고 사고 없이 무탈하게 좋은 구경거리와 볼거리를 제공하는 게 봉사자의 임무다. 시청 직원들의 하는 말 봉사자님들은 축제장의 꽃이다. 봉사자들의 수고가 빛이 되었다. 여기에 칭찬의 말도 듣기에 좋았다.

축제장은 인산인해로 노래와 춤 볼거리가 많다. 먹을거리와 농경문화를 알리는 김제지평선 축제는 올해로 17회 대한민국 대표축제로 연속 3회로 발전해 왔다. 온 시민이 지평선의 아름다운 정경과 자연이 숨 쉬는 농촌체험을 만들어 가고 있다.

어린이들의 보고 느끼며 체험할 수 있는 메뚜기 잡기, 물고기 잡기, 연날리기, 그네뛰기, 널뛰기, 잡풀공예, 보리대로 만든 공작 떡메치기, 제기차기 다양하다. 특히 가마솥 밥 짓기,

는 보기 드믄 체험과 놀이 문화가 봉사자 400여 명의 자원봉사의 힘과 10만 시민의 열정이 김제의 친환경적인 농산물은 참으로 의미 있는 행사다.

가을 하늘의 서늘한 바람과 함께 한들거리는 거리의 코스모스의 길은 한없이 낭만적이며 아름다운 김제의 징표가 아니겠는가. 외국인들도 원더풀. 브라보. 파이팅을 외친다.

수많은 축제 가운데에도 손꼽히는 김제의 지평선 축제에서 10월 7일부터 11일 닷새간의 이모저모는 흥겹고도 즐거운 시간이었다. 우리 김제를 알리는 일이었다고 자부와 긍지를 가지고 열심히 한 것 같다.

횃불축제의 화려함은 비가 내려 다음으로 미루는 아쉬움도 있었지만 쌍룡놀이. 줄다리기 등 다채로운 행사는 두고두고 기억에 남는 행사라고 본다. 가뭄에 비가 내리듯 보람된 축복의 행사라고 자부한다.

멋있는 그림이 있고 훌륭한 재주꾼들이 엮어가는 글솜씨며 손솜씨는 빼어난 기술이 겸비하여 보는 이로 하여금 감탄을 자아내기도 했다. 이 지평선축제를 이끄는 시민의식이 먼저이고 우리 봉사자들의 열심과 보살피는 힘으로 또 다시 우리 김제 지평선 축제를 찾는 이가 많았으면 좋겠다. 서로가 파이팅하고 힘과 힘으로 다져진 축제에 축복이 하늘과 땅이 맞닿는 지평선의 이 해넘이도 함께 아름다움으로 수놓아지고 있다.

상사화(相思花)

온 들녘에는 가을의 소리가 서늘하다. 한낮의 따가운 햇살은 오곡을 틀 실하게 익어가게 하고 우리는 고창 연기제로 향했다. 짧은 산행과 막걸리와 상사화 채취는 찌릿한 느낌으로 한 움큼 들고 돌아와 화단에 심었다. 늦은 시기에 꽃은 시들었지만 내년의 아름다운 추억을 만들기에 충분하다.

고창의 문학기행은 대표 음식에서 보듯 장어구이 복분자술이다. 기행의 참맛은 보고 느끼는데 회원의 송편의 맛은 더더욱 맛을 돋우었다. 고창에 가면 상사화가 있다. 어디를 가나 볼 수가 있다.

무장읍성의 객사 뒤 소나무는 기묘하게 구부러져 연구 대상이란다. 글 쓰는 모임이라서 진을주 시인 시비에서 낭송도 하고 주위에 널브러져 있는 알밤도 도토리도 줍는 소풍 온 느낌이다. 여기에도 상사화는 많이 볼 수 있었다. 시인들의 시집도 여러 권 무겁게 받았다. 글을 쓰는 사람들 모임은 보고 듣고 읽으며 배운다. 좋은 글을 쓴다는 게 그게 그렇게 쉬운가.

또한 이곳에 살고 있는 시인 집에 들렀다. (수동헌) 문패에 얽힌 수동 댁의 집은 마치 별장처럼 좋았고 내외분이 같은 취미로 그림도 그리고 시도 쓰시는 멋진 분이시다. 과일과 차를 마시며 고창의 역사도 들었다. 수몰된 아픔을 바다 앞에 별장처럼 지어 멋스럽게 어머님의 택호를 따 (수동헌)이라 했다고 한다. 확 트인 정면에 바다가 보이고 뒷산에는 과일 나무들이 있어 주변을 감싸는 나무와 물의 조화가 참 보기에 좋았다.

돌아오는 길에 동호해수욕장 바다는 가을의 정취와 한낮의 뜨거운 햇살을 식혀주는 여름날의 시원함을 주었다

여기저기 흔적이 있는 상사화를 보며 이룰 수 없는 사랑이란 꽃말을 생각하게 한다. 어찌 그리 좋은 사이를 이루지 못하고 잎과 꽃으로 인연이 되어 보는 이로 하여금 안타까움을 자아내게 하는지 모르겠다. 붉게 물든 만개된 산등성에 꽃 바다를 볼 때면 불타는 정열의 사랑을 나름대로의 상상으로 해석하고 눈물겨운 사랑의 시의 세계에 빠지게 만드는 고창명물의 상사화인데 꽃이진 이 시점에서 우리는 생각하며 느낌으로 불꽃을 연상하게 한다.

기막힌 사연으로 잎이 나온 다음 꽃대가 나와 꽃이 피는 것을 보지 못하고 마음으로 그리워 할 뿐 살아생전에 만나지 못해 상사화(相思花) 라 부른단다. 붉은 주홍색은 꽃무릇. 분홍색은 상사화. 노란색은 개상사화로 화려하고 청초하다. 깊어가는 가을에 비단처럼 화사하게 깔린 꽃은 상상만으로 하나씩 늦게 피어오른 홀로 남은 위로의 꽃으로 대신했다.

그리운 임을 생각하듯 외롭고 붉게 꽃대를 올리며 피어오르

는 정열적인 삶으로 글을 대하고 싶다. 상사화를 심으면서 하루의 기행은 결코 뜻이 있는 유익한 김제문협의 문학기행이다. 아마 두고두고 기억에 남을 것이다.

2015. 9. 29 문학기행

편지

잊혀져가는 편지쓰기를 깊숙이 갇혀있던 편지지에 실어 보내려 합니다. 정말 오랜만에 써보는 편지입니다. 굳이 이메일도 카톡도 마다하고 편지로 답을 보내달라는 요청에 펜을 들었습니다. 이상하리만치 옛것을 접하고 보니 세속에 묻힌 기분이군요.

보내주신 격려와 위로와 관심에 비하면 내 속마음을 어떻게 보내드려야 할지 엄청난 고민에 빠져드는군요. 통신 수단이 빠르게 현대화되어 컴퓨터로써 메일과 스마트폰으로 카톡 문자를 주고받아 쉽고 빠른 정보화시대에서 뒤떨어진다고 생각하니 구석기 시대를 연상하리만큼 멀리 왔습니다. 새롭게 마음다잡고 속내를 전하려 하니 감사하고 고마움이 앞서 어떤 모양으로 무엇을 전달해야 할지 모르겠네요.

화폭에 싫어 보낸 정성에 비하면 만분의 일이라도 보내드려야 하는데 표현기법이 부족해서 딱히 어떠한 생각이 들지 않고 있답니다.

여기 내 고장 소식을 전하려 합니다. 김제에서 지평선 축제를 성공리에 성대히 치렀습니다.

5일 동안의 연속 2회 대표축제로써 우리 고장의 농경문화를 알리고 농토의 정취를 전하는 고장의 축제에 봉사로써 한몫을 해서 뿌듯합니다.

황금벌판을 이루는 따가운 가을 하늘 아래 누렇게 벼 이삭은 알알이 익게 하는데 어느덧 부지런한 탈곡기의 행진에 따라 벼알은 차곡차곡 포대에 실어가는군요.

타작이 시작됐어요. 농부들의 손길이 바빠졌지요. 걷어 들이는 기쁨에 창고는 가득하고 풍년의 가을을 만끽하고 배부름의 포만감에 부러울 것이 없는 이 농촌의 풍경입니다.

농촌 시골에서 부지런히 일하고 가을 수확하는 큰 농촌시골의 보람인 것 같습니다.

덩달아 행길가의 양옆으로 코스모스는 휘늘어지게 늘어져 하늘거리고 김장 채소는 벌써부터 속잎이 노랗게 차올라 우리의 밥상을 건강하게 채워줄 채비를 하고 있습니다.

오곡백과 만발하니 김제 만경 들녁에 풍요로움 속으로 빠져들고 있어 화폭에 옮기면 대작을 이룰 텐데 이 아름다운 풍경을 하늘에 띄워 보내 드립니다

오가는 소식들이 가을 속으로 들어오니 몸도 마음도 살찌우는 소리가 귓전에 맴돕니다. 풍년을 기약하는 하모니가 울려 퍼지는 것 같습니다. 선생님의 뜻에 덩달아 가을 속에 알알이 익어가는 곡식처럼 글 솜씨도 이루어졌으면 하는 바램입니다.

서툰 글을 읽어주시고 관심과 격려에 열심히 글 솜씨를 발

휘하는데 보답하겠습니다.

오늘도 편안하게 좋은 하루 지내시고 안녕히 계십시오.

김제에서